JESSICA S. MARQUIS

MIT ILLUSTRATIONEN VON KEVIN HEDGPETH

MEINE KLEINE
EINHORN-FARM

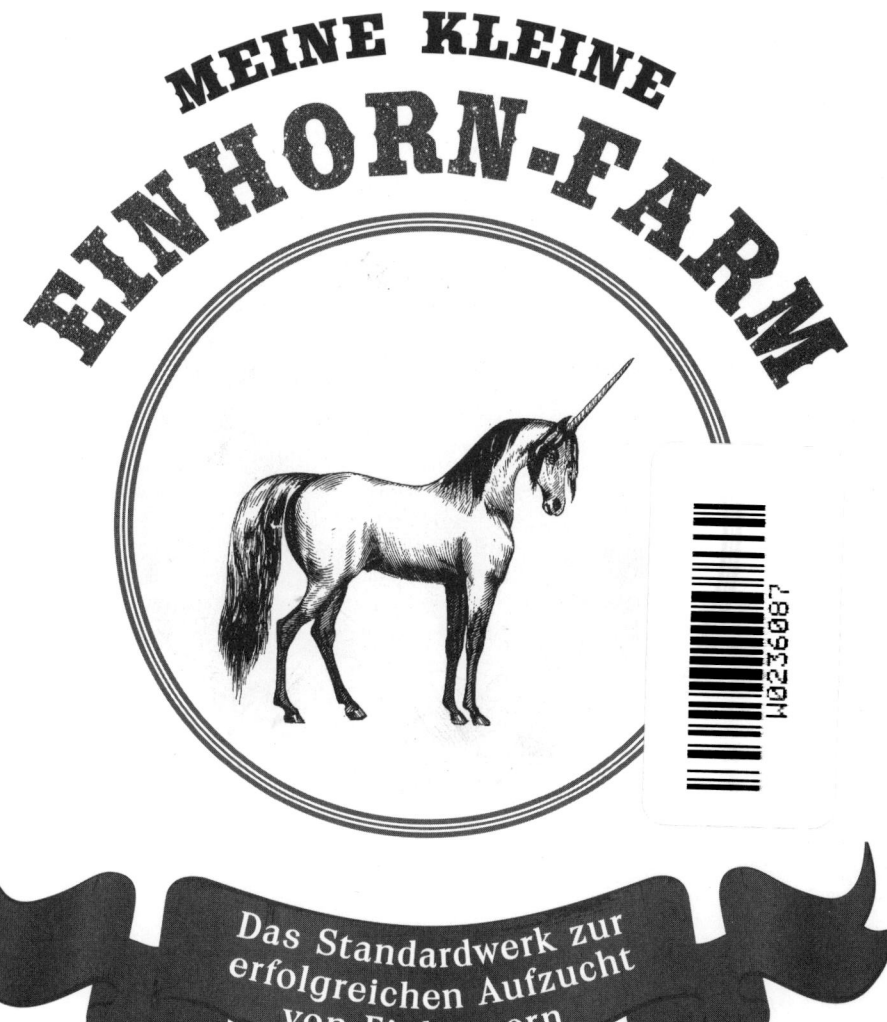

Das Standardwerk zur
erfolgreichen Aufzucht
von Einhörnern

MIT
REGENBOGEN-
GARANTIE

riva

Bibliografische Information der Deutschen Nationalbibliothek:
Die Deutsche Nationalbibliothek verzeichnet diese Publikation in der Deutschen
Nationalbibliografie; detaillierte bibliografische Daten sind im Internet über
http://d-nb.de abrufbar.

Für Fragen und Anregungen:
info@rivaverlag.de

2. Auflage 2017

© 2017 by riva Verlag, ein Imprint der Münchner Verlagsgruppe GmbH
Nymphenburger Straße 86
D-80636 München
Tel.: 089 651285-0
Fax: 089 652096

Die englische Originalausgabe erschien 2011 bei Adams Media unter dem
Titel *Raising Unicorns*. Copyright © 2011 by Jessica Marquis

Übersetzung: Manfred Allié
Redaktion: Annett Stütze
Umschlaggestaltung: Laura Osswald
Umschlagabbildung: Kevin Hedgpeth
Satz: Satzwerk Huber, Germering
Druck: GGP Media GmbH, Pößneck
Printed in Germany

ISBN Print 978-3-86883-953-1
ISBN E-Book (PDF) 978-3-95971-302-3
ISBN E-Book (EPUB, Mobi) 978-3-95971-303-0

— *Weitere Informationen zum Verlag finden Sie unter* —

www.rivaverlag.de
Beachten Sie auch unsere weiteren Verlage unter www.m-vg.de.

Für Farmer McCready und Farmer McGlitter – Pioniere, Neuerer und Helden der fantastischen Welt der Einhornfarmerei.

INHALT

EINLEITUNG

Willkommen in der faszinierenden und ausgesprochen einträglichen Welt der Einhorn-Landwirtschaft! Einhornfarmer ist ein Beruf wie kein anderer, und die einzigen Grenzen, die ihm gesteckt sind, sind die Grenzen Ihrer Fantasie.

Indem Sie zu diesem Buch greifen, beweisen Sie vier Dinge:

1. Sie sind ein intelligenter Mensch mit Geschäftssinn.
2. Sie wissen, was Sie wollen.
3. Sie sind bereit, Herausforderungen anzunehmen, um den Lohn dafür zu ernten.
4. Sie sind klug, Sie sind bezaubernd, Sie sind schlicht und einfach großartig.

Hört sich an wie Sie? Dann sind Sie hier richtig.

Als angehender Betreiber einer Einhornhofs werden Sie die einzigartigen und vielfältigen Möglichkeiten kennenlernen, die Herausforderungen und die Freude, die Ihnen der Umgang mit diesen fabelhaften Geschöpfen beschert. Nutzen Sie dieses Handbuch, damit Sie fundierte Entscheidungen treffen können und Ihr Hof wächst und Ihre Herde gedeiht – und für Sie Ihre magischsten Träume wahr werden.

Das Handbuch ist in vier Teile eingeteilt und führt Sie durch alle Phasen der Entwicklung Ihrer Einhornfarm, von der Planung über die Ausführung bis hin zur Bewertung. Bitte beachten Sie, dass es Ihre Pläne sind, die ausgeführt werden, nicht die der Einhörner. Obwohl wir auch zur Freizeitgestaltung der Hörner ein paar Tipps für Sie haben.

Auf den folgenden Seiten lernen Sie Schritt für Schritt die Möglichkeiten kennen, mit denen Sie Ihre Kräfte bündeln und am Ende Ihr gesamtes Einhornfarmerpotenzial auf die ahnungslose Menschheit loslassen können, Ihre zukünftigen Kunden. Im *Ersten Teil: Der Plan* lesen Sie, wie Sie diesen wirklich einträglichen Markt erkunden, wie Sie Ihren Platz darin finden und sich Ihren Anteil daran sichern. Im *Zweiten Teil: Das Grundwissen* lernen Sie die noblen und profitablen Vierbeiner, die von nun an die Grundlage Ihres Unternehmens sein werden, näher kennen. Im *Dritten Teil: Die Praxis* zeigen wir Ihnen, wie Sie die Einhornfarm Ihrer Träume aufbauen und die Konkurrenz gnadenlos vom Markt drängen. Zuletzt wird im *Vierten Teil: Das Ergebnis* Ihr Betrieb evaluiert, damit Sie aus allem das Maximum herausholen können.

Und nun auf in die regenbogenbunte Welt der Einhornfarmerei und zu den Geheimnissen der Hornkunde, einer Wissenschaft, die magisch und praktisch zugleich ist!

WELCHER TYP EINHORNFARMER SIND SIE?

··

1. Sie haben gerade einen voll eingerichteten Einhornhof geschenkt bekommen. Was tun Sie als Erstes?

A. Sie schauen sich den Laden an und schätzen den zu erwartenden Gewinn. Sie identifizieren Kernkompetenzen und konzentrieren sich darauf.

B. Sie schmeißen eine Party für die Einhörner.

C. Sie reißen das Ganze ab und bringen die Einhörner provisorisch unter. Sie wissen, wie man so was besser macht.

D. Sie denken erst einmal ein paar Monate lang überhaupt nicht mehr daran.

2. Wann ist Ihnen der Gedanke an einen Einhornhof zum ersten Mal gekommen?

A. Sie haben in einer Wirtschaftszeitung gelesen, dass die Möglichkeiten im Einhorngeschäft nahezu unbegrenzt sind.

B. Sie haben ein Bild von einem Einhorn gesehen, wie es glücklich am Regenbogenheu knabberte, und dachten bei sich: »So etwas hätte ich auch gern.«

C. Sie kamen zur Welt.

D. Die Eltern haben Sie aus Ihrem Kellerzimmer geworfen und gesagt, Sie sollten sich endlich eine Arbeit suchen.

3. Was mögen Sie an Einhörnern am liebsten?

A. Das, was sich am besten verkauft. Oder was das hervorbringt, was sich am besten verkauft.

B. Die Reinheit. Die Fantasie. Es sind einfach rundherum wunderbare Geschöpfe.

C. Die unendlichen Möglichkeiten ihrer Magie.

D. Dass sie nicht existieren. Dann können sie einem nämlich auch nichts tun.

**4. Ihr bestes Horn im Stall ist krank.
Was bereitet Ihnen unter diesen Umständen
am meisten Sorge?**

A. Wird es schnell genug wieder gesund, um das Rennen
am Sonntag zu gewinnen?

B. Kann man auch zu viel an Hühnersuppe und Zärt-
lichkeit geben?

C. Für so etwas gibt es Einhornärzte. Sie müssen sich um
die wirklich wichtigen Fragen kümmern.

D. So ernsten Sachen gehen Sie am liebsten aus dem
Weg.

**5. Ihre Einhornfarm hat schon seit
sieben Jahren keinen Gewinn mehr
abgeworfen. Was tun Sie?**

A. Sie analysieren Ertragsentwicklung und Bruttoge-
winnmarge. Sie konzentrieren sich auf die Geschäfts-
zweige, die Gewinn bringen. Zugleich senken Sie die
Kosten, indem Sie die Angestelltenzahl verringern,
Betriebsabläufe optimieren und Ermessensausgaben
reduzieren.

B. Das wird schon. Es sind doch Einhörner!

C. Ihnen geht es mehr darum, etwas Epochales zu schaffen, als um den schnellen Profit. (Ihr Finanzberater regelt die Kommunikation mit den Aktionären.)

D. Sie verkaufen die Farm an den Meistbietenden, egal
was für einen Ruf diese Person hat.

6. Welche Formel würde Sie als Einhornfarmer am besten beschreiben?

A. »Erfolgsorientierter Kapitalist.«
B. »Ein echt cooler Typ.«
C. »Klar im Kopf, aber mit Fantasie.«
D. »Also ich weiß nicht.«

7. Was tun Ihre Einhörner am Ende eines Arbeitstages?

A. Einhornfitness. Nur ein gesundes Horn garantiert maximale Produktivität.
B. Sie tollen durchs Gras und lecken Eiscreme.
C. Für Einzelheiten ist das Personal zuständig. Ihnen ist vor allem wichtig, dass Sie in drei Jahren Ihre Farm wirklich draußen im Orbit haben.
D. Da müssen die Einhörner sich schon selbst drum kümmern.

WELCHE ANTWORTEN HABEN SIE GEGEBEN?

Mehrheitlich A: Der Einhornmacher. Sie denken von Anfang an ans Budget, an Gewinnspannen, Sie haben strategisch die Expansion und die marktbeherrschende Stellung im Blick. Die Einhörner kennen ihren Platz als Güter und/oder Produzenten und verneigen sich ehrfürchtig vor Ihrem Talent, Profit aus ihnen zu schlagen.

Mehrheitlich B: Que Sera, Sera. Sie nehmen das Leben und das Geschäft, wie es kommt, schweben selig in Zuckerwattewolken und lassen sich ganz von ihnen treiben. Ein Hof voller Einhörner! Da *muss* man doch einfach die ganze Zeit glücklich sein.

Mehrheitlich C: Der Visionär. Sie bauen am liebsten von Huf bis Horn alles neu auf, erschaffen die Einhornzucht neu, stecken die Grenzen neu ab. Mit dem Gesamtbild vor Augen umgeben Sie sich mit einem Expertenteam, das sich um die Detailfragen kümmert. Sie haben einen Traum, der Sie antreibt, und in diesem Traum kommen Einhörner vor. Aber es ist kein Kleinmädchentraum.

Mehrheitlich D: Lassen Sie das mit der Einhornfarm lieber sein.

ERSTER TEIL

DER PLAN

KAPITEL 1

VON DER IDEE ZUM PROJEKT

Jedes Geschäft, aus dem ein rauschender Erfolg werden soll, braucht zuerst einmal einen Plan.

Da ist ein Einhornhof keine Ausnahme.

Ja, es kann sogar sein, dass *mehr* Vorplanung als üblich nötig ist, denn über das Thema kursieren unzählige Gerüchte, und aus Fehlinformationen kann sich alles ergeben, von kleineren Ärgernissen bis zu schwerwiegenden Schäden.

Ein simples Beispiel: Alle Welt glaubt, Einhörner seien gutmütige Geschöpfe. Dieser Irrglaube kommt daher, dass man sie in der Regel nur bei ihren alltäglichen Beschäftigungen sieht: wie sie aus einem glitzernden Bach trinken, wie sie die fröhlich gaukelnden Schmetterlinge haschen oder wie sie auf einer Wiese aus grünem Gras ruhen. Aber wird ein Einhorn aus seiner Alltagsroutine gerissen, dann äußert es seine Gereiztheit oft mit heftigen Huftritten, oder es spießt etwas oder jemanden mit seinem Horn auf.

Das wussten Sie nicht? Gut, dass Sie es jetzt wissen? Na, da hat das Buch sich ja schon bezahlt gemacht.

In diesem Kapitel kommen wir auf einige weitere wirklich grundlegende Punkte zu sprechen, damit Sie als Einhornfarmer

Bescheid wissen. Zugleich führt Sie das Buch durch die Entscheidungsprozesse, mit denen Sie Ihre Geschäftsstrategien entwickeln, von der ersten Idee bis zum *Dritten Teil: Der Praxis*.

WILL ICH EINEN EINHORNHOF?

Bevor Sie den Pachtvertrag für Ihren Hof unterschreiben, sollten Sie ein Gefühl für jenes Gut entwickelt haben, das Sie dort produzieren wollen. Es gibt für alles Mögliche Höfe, und jeder hat seine Vor- und Nachteile. Unser Schaubild »Verschiedene Farmtypen« zeigt drei weit verbreitete Varianten: Höfe für landwirtschaftliche Produkte (ABB. 1.a.), Einhörner (ABB. 1.b.) und Elche (ABB. 1.c.).

ABBILDUNG 1.a. *Landwirtschaft*

ABBILDUNG 1.b. *Einhörner*

ABBILDUNG 1.c. *Elche*

VERSCHIEDENE FARMTYPEN			
CHARAKTE-RISTIKA	**LANDWIRT-SCHAFT**	**EINHÖRNER**	**ELCHE**
Was wird auf meiner Farm produziert?	Gemüse, Obst, Nutzholz, Baumwolle, Tabak	Einhörner, Träume, Glück	Elche
Wer sind meine Kunden?	Leute, die auf Bauernmärkte gehen; Bioläden, Supermärkte	Alle, die daran glauben	–
Was sind die Vorteile meiner Farm?	Sie produzieren Nützliches; Sie versorgen andere mit Konsumgütern	Einhornreiten; Wurfspiele; Wünsche werden wahr	Immer wenn jemand fragt, wo man einen Elch herbekommt, können Sie rufen: »Von mir!«
Wo liegen die Risiken?	Krankheiten können die Ernte vernichten; von bestimmten Produkten kann sich herausstellen, dass sie gesundheitsschädlich sind; Landvolk neigt zu handgreiflichen Scherzen	Kotzflecken, die sich aus Kleidern nur schwer wieder auswaschen lassen; Einhörner können unerwartete magische Eigenschaften zum unpassenden Zeitpunkt zeigen	Sie betreiben eine Elchfarm

Jetzt, wo Sie das Material für eine fundierte Entscheidung beisammen haben, ist der Punkt gekommen, an dem Sie entweder in diesem Buch weiterlesen oder sich ein anderes Buch für den Bauernhof Ihrer Wahl suchen.

Sie lesen noch? Gut. Freut uns, dass Sie die richtige Wahl getroffen haben.

WAS WILL ICH MIT MEINEM EINHORNHOF MACHEN?

Zu den großen Vorteilen einer Einhornfarm gehört ihre Vielseitigkeit. Wenn jemand erzählt, dass er ein frisch gebackener Einhornfarmer ist, dann wissen die meisten nicht, was das alles bedeuten kann.

Es gibt zahlreiche Möglichkeiten, aus einem Einhornhof Nutzen zu ziehen. Unten sind die beliebtesten Formen mit Prozentzahlen angegeben. In dieser Tabelle ist nicht von Einträglichkeit die Rede; darauf kommen wir in *Kapitel 4: Entwickeln Sie Ihren Businessplan.*

BELIEBTHEIT VON EINHORNBETRIEBEN IN PROZENTZAHLEN	
BETRIEB	**PROZENTZAHL**
Streichelzoo	22,7 %
Gestüt (Zucht und Aufzucht zum Verkauf)	19,3 %
Ernteeinsatz	15,6 %
Einhornasyl	15,3 %
Einsatz der magischen Kräfte zu guten Zwecken	10,5%
Einsatz der magischen Kräfte zu bösen Zwecken	6,2 %
Einfach zum Spaß	5,9 %
Andere	4,5 %

ZUR ERMUNTERUNG

STEPHANIE: VON DER MAKLERIN ZUR MAGIERIN

Von klein auf hatte Stephanie von ihrem Vater zu hören bekommen, dass es nichts Einträglicheres als das Immobiliengeschäft gäbe. Sie wurde also Maklerin, und zwar eine ausgesprochen erfolgreiche, aber immer wieder fragte sie sich: »Wo bleibt da die Magie?« Sie war schon elf Jahre im Geschäft, als ein Kunde kam, der 75 Morgen Land erwerben wollte. Als sie ihn fragte, wozu er denn so viel Land brauche, sprach er ein Wort, das ihr Leben verändern sollte: Einhornhof. Am nächsten Tag hing Stephanie das Maklergeschäft an den Nagel und hat es bis heute nicht bereut. In ihren allesamt ausgebuchten Seminaren *Einhornfarmen für Anfänger* (auf Grundlage ihres gleichnamigen Bucherfolgs und des goldprämiierten Hörbuchs) sagt sie ihren Zuhörern: »Vergesst das Immobiliengeschäft – dem Einhorn gehört die Zukunft!«

Manche Anfänger unter den Einhornfarmern glauben fälschlicherweise, es gebe einen Markt für Einhornfleisch. Oft haben sie schon einen Teil ihrer Herde geschlachtet, bevor sie merken, dass kein Mensch ein totes Einhorn will. Daher der Merkspruch:

Einhorn lebendig, Magie ist beständig.

Mit Magie nichts im Sinn, ist's Einhorn dahin.

Trotzdem gibt es Risikounternehmer, die dahintergekommen sind, dass alles, was man von einem Einhorn abzwackt, *wenn es nur dabei am Leben bleibt*, von unergründlichem Wohlgeschmack ist. Horn und Fleisch haben sich zu begehrten Delikatessen unter denjenigen entwickelt, die sich trauen, sie zu erwerben. Ein skrupelloser Farmer kann damit ordentlich Gewinn machen, aber Sie sollten damit rechnen, dass alle verantwortungsvollen

Einhornbesitzer und auch die Hörner selbst Sie auf die schwarze Liste setzen. Unser Ratschlag: Lassen Sie bei Ihren Tieren die Schultern und Hornspitzen, die beiden begehrtesten Partien unter Einhorngourmets, intakt.

☞ *ZUR WARNUNG* ☜

PERRY BLEIBT HUNGRIG

Perry war ein Mann, der fand, dass der Viehbestand eines Hofes zum Essen da war. Außerdem wusste er ein ausgeglichenes Mahl zu schätzen, also baute er auf einem Teil seines Besitzes Feldfrüchte an. Das Korn wuchs, die Tomaten reiften, und Perry und seine Familie wollten die erste Ernte mit einem großen Fest begehen. Die ersten hundert von den zweitausend Gästen waren schon eingetroffen, als das Einhorn an den Spieß kam. Binnen Sekunden verpuffte sämtliche Magie, die Feldfrüchte waren verfault, und Perry hatte nur noch Fleisch, aus dem sich nicht einmal Hotdogs machen ließen. Die Gäste zogen in verschieden schweren Stadien der Melancholie ab, und am nächsten Tag machte der Hof zu.

MERKEN SIE SICH ALSO:

1. Es kursieren jede Menge falscher Vorstellungen über Einhörner, und die Folgen können tödlich sein – für Sie oder für sie.
2. Suchen Sie sich den Farmtyp aus, der zu Ihnen passt. Wenn Sie eine Farm haben wollen, die etwas hermacht, sollte es keine Elchfarm sein.
3. Was am Ende dabei herauskommt, hängt immer davon ab, wie Sie Ihre Farm nutzen.
4. Es hat sich unter Einhornfarmern bewährt, die Tiere am Leben zu lassen.

IHRE EIGENEN NOTIZEN:

KAPITEL 2

WISSEN ZAHLT SICH AUS

Jeder kann ein Einhorn kaufen. Sich ein altes Einhorn anzu-schaffen klingt nicht allzu vielversprechend, vor allem wenn man nicht weiß, was man da erwirbt. Und man kann es bereuen, wenn man sich auf ein solches Geschäft ohne Sachkenntnis ein-lässt. Ja, eine falsche Entscheidung kann schlimmer sein als überhaupt keine Entscheidung!

In diesem Kapitel gehen wir auf spannende Entdeckungsreise und erwerben die Informationen, die wir für vernünftige Ein-hornarbeit brauchen. Sie werden staunen!

WELCHE EINHORNTYPEN GIBT ES?

Diese Frage hilft Ihnen, besser zu bestimmen, was Sie wollen. Die Maler des Mittelalters wussten es nicht, Porzellanfiguren-hersteller wissen es bis heute nicht, aber tatsächlich gibt es mehr als nur eine Einhornrasse. Die verschiedenen Typen und ihre unterschiedlichen Eigenschaften zu kennen wird Ihnen eine Hilfe sein, wenn es darum geht, die Ziele Ihres Unternehmens zu bestimmen.

EINHORNRASSEN			
BEZEICH-NUNG	**ÄUSSERE ERSCHEINUNG**	**LEBENS-ERWARTUNG**	**BESONDERS GEEIGNET FÜR . . .**
Reinhorn	Weiß wie frisch gefallener Schnee; blaue oder lavendel-farbene Augen; einzelnes Horn zentral auf der Stirn; Glitzer in der Mähne	Bis ein Mann es fängt und es seinen Zauber verliert	Dank gutmütigem Wesen geeignet für Streichelzoos; Zeichnungen von kleinen Mädchen
Zwinkerzeh	Glitzer auf Körper, Mähne, Horn und Hufen; grüne Augen; einzelnes Horn zentral auf der Stirn	Bis ein Mann es fängt und es seinen Zauber verliert	Aufzucht und Pflege zum Verkauf; Glitzer als Bastel-material für kleine Mädchen
Zornhorn (auch als Jäh-zhorn be-zeichnet)	Elfenbeinfarbener Körper, rote Augen; Horn verzweigt sich an der Spitze	Bis ein Mann es fängt und es seinen Zauber verliert	Reizbar, entwickelt im Zorn große Kraft, die sich als hervorragende alternative Energie-quelle ableiten lässt
Zottelhorn	Stämmiger als ein Reinhorn; asymme-trisches Gesicht mit einem kurzen Horn auf der Braue oberhalb des rechten Auges; spülwasserblond; struppige Mähne	Unbekannt (keiner hat sich je die Mühe gemacht, es zu zeichnen)	Ernteeinsatz; Slapstick-Komödie
Falschhorn (Pferd mit Horn)	Braun, grau, weiß oder schwarz; Papp-kegel am Gummi-band über die Schnauze gestülpt	20-30 Jahre	Kinderfeten, wenn Sie sich kein echtes Einhorn leisten können und es Ihnen egal ist, ob Sie Illusionen zerstören

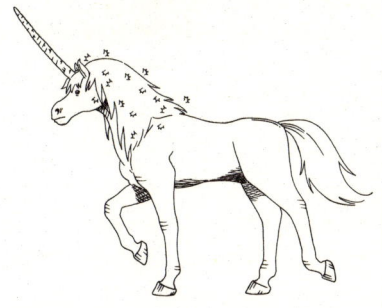

ABBILDUNG 2.a. *Reinhorn*

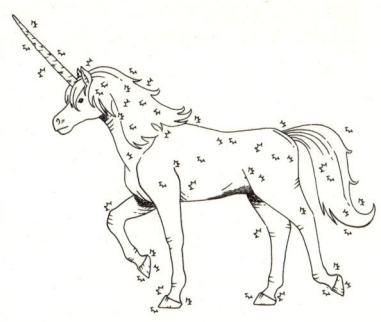

ABBILDUNG 2.b. *Zwinkerzeh*

ABBILDUNG 2.c. *Zornhorn*

ABBILDUNG 2.d. *Zottelhorn*

ABBILDUNG 2.e. *Falschhorn*

Machen Sie sich klar, dass drei der Rassen ihre Zauberkraft verlieren, wenn sie merken, dass ein Mann sie gefangen hat. Das ist keine Frage der Autorität – solche Überlegungen sind Einhörnern fremd –, sondern schlichte Abneigung gegen die physischen Eigenschaften der Männer.

Wollen Sie also wilde Einhörner zähmen, achten Sie darauf, dass eine Frau sie einfängt. Wir werden uns mit dieser Frage noch im *Dritten Teil: Der Praxis* beschäftigen. Trotzdem sollte das hier schon klargestellt werden, denn es hat schon manchen männlichen Einhornhofbetreiber tragisch zum Scheitern gebracht.

Wenn Sie Einhörner züchten wollen, paaren Sie am besten zwei Reinhörner, einfach der Schönheit wegen. Das soll nicht heißen, dass Sie als Einhornzüchter beim Paaren unbedingt *dabei* sein müssen, auch wenn es sich hierbei nicht um ein so traumatisches Erlebnis wie beim Paarungsritual des Zottelhorns handelt.

HÄTTEN SIE'S GEWUSST?

Es gibt in der Einhornpopulation männliche Tiere, weibliche und Wechsler. Die Wechsler können von Augenblick zu Augenblick entscheiden, welchem Geschlecht sie angehören möchten. Wird eine Wechslerin allerdings trächtig, so behält sie dieses Geschlecht während der gesamten Tragezeit. Da sie die unvorhersehbaren Hormonschübe, die oft alle Routine durcheinanderbringen, fürchten, bleiben die meisten Hörner während der Paarungszeit lieber männlich.

Um gleich vorweg die am häufigsten zu Einhörnern gestellte Frage zu beantworten: Ja, man kann alle vier Rassen erfolgreich miteinander kreuzen ... wenn man Erfolg entsprechend definiert.

Im Durchschnitt braucht man sechs Versuche, bis man ein Einhornjunges erhält; dieses trägt die Bezeichnung »Keinhorn« (Abb. 2.f.), weil es ohne Horn zur Welt kommt. (Einhornmütter sind dankbar dafür.)

ABBILDUNG 2.f. *Ein Keinhorn*

Wenn es sechs Monate alt ist, kann ein Keinhorn entscheiden, ob es ein Horn bekommen möchte; wenn es sich dafür entscheidet, muss es sich das Horn verdienen. Dies gelingt ihm durch mutige Taten, altruistischen Einsatz oder indem es sich mit einem Samurai anfreundet.

Entscheidet sich das Keinhorn dafür, kein Horn zu bekommen, hat es von da an den Rang eines »hübschen Ponys«. Das zurückgebliebene Einhorn kann auch dann ein recht erfülltes Leben führen, es kann essen, schlafen, umhertollen, doch Abend für Abend schläft es mit der quälenden Frage ein: »Was wäre wenn?« Außerdem suchen sich kleine Mädchen diese Ponys immer als erste aus, und wenn sie es »kämmen« oder wenn sie ihnen mit ihren Judo-Umarmungen zuleibe rücken, ist das für das Pony nicht unbedingt ein Spaß.

Die Zeit, bis der Nachwuchs sich einstellt, ist beim Zornhorn am kürzesten – drei Tage; die längste Tragezeit hingegen, die des Reinhorns, beträgt einunddreißig Monate.

Wenn Sie mitgerechnet haben, wissen Sie, dass Sie einen Hof voller wütender Einhörner weitaus schneller beisammen haben als einen beschaulichen Streichelzoo mit Reinhörnern. Das ist der Grund dafür, dass man immer häufiger von Aufruhr auf Einhornhöfen hört. Außerhalb der Vereinigten Staaten ist allerdings noch kaum ein Bewusstsein für die Bedrohung durch Zornhörner entwickelt.

AUF DEM EINHORNMARKT

Um Ihren Hof mit den richtigen Tieren zu bestücken, brauchen Sie eine vielfältige Auswahl, einen Blick fürs Detail und viel Initiative, wobei auch Bargeld eine Rolle spielt. Erstere finden Sie auf einem Einhornmarkt; um die beiden anderen Punkte müssen Sie sich selbst kümmern – gehen Sie auf Verkaufsveranstaltungen für Schlangenöl, da lernen Sie eine todsichere Methode für mindestens einen von beiden kennen.

Ähnlich wie ein Jahrmarkt, allerdings mit weniger Kuriositäten im Bereich frittierter Nahrungsmittel, bringt ein Einhornmarkt Lieferanten von und Interessenten an Einhörnern und Einhornzubehör zusammen. Man findet sie an verkehrsgünstigen Orten, und die Eintrittsgelder sind einheitlich von der Einhornmarkt-Initiative »Unicornis semper aliquid« (USA; Abb. 2.g.) geregelt. Eine solche Regelung wurde erforderlich, nachdem einem angesehenen Farmer der Eintritt verweigert wurde, weil

ABBILDUNG 2.g. *Das Markenzeichen der Einhornmarkt-Initiative (USA)*

er mit einem Glas Kinderträume (Abb. 2.h.) bezahlen wollte.

Die Einhornmarkt-Initiative USA setzt sich schon seit über vierzig Jahren für die Ein- und Ausrichtung von Premium-Einhornmärkten ein. In dem Maße, in dem der Markt für hochwertige Einhörner und Zubehör in den letzten Jahren explodiert ist, ist allerdings der Einfluss der Initiative zurückgegangen. Heute ist ihre Haupt-

ABBILDUNG 2.h. *Das schicksalhafte Glas mit Kinderträumen*

aufgabe die Regelung der Eintrittspreise, obwohl sie auch bei der Vergabe von Standlizenzen noch ein Wort mitredet.

Beim Besuch eines Einhornmarkts ist es ratsam, die Barschaft in einer Gürteltasche zu tragen. So verhindern Sie, dass Sie von Trollen bestohlen werden, die sich bisweilen am Bauch von Einhörnern festkrallen (Abb. 2.i.).

ABBILDUNG 2.i. *Ein Troll, der sich an den Bauch eines Einhorns krallt*

AUFGEPASST: Lehnen Sie höflich jede Einladung zu einem Einhornmarkt ab, der im Untergeschoss eines verlassenen Lagerhauses stattfindet. Etwas anderes als dreibeinige Zottelhörner finden Sie dort so gut wie nie.

Die meisten Verkäufer kennen diese parasitäre Form der Fortbewegung, halten Ausschau nach Trollen und entfernen sie; aber wer unaufmerksam oder neu im Geschäft ist, übersieht sie vielleicht, und schon treiben sich hässliche kleine Taschendiebe auf dem Markt herum. Nur unter diesen Umständen ist das Tragen einer Gürteltasche entschuldbar, und Sie sollten sie beim Verlassen des Geländes rasch wieder abnehmen.

HÄTTEN SIE'S GEWUSST?

Peinhörner haben sich, in Population und Popularität gleichermaßen, seit ihrer Einführung in den 1980er-Jahren weltweit stark verbreitet. Zwar existieren sie schon seit undenklichen Zeiten, aber nur die wenigsten Einhornfarmer hätten sich freiwillig sowohl mit dem stürmischen Temperament des Pegasus als auch mit der Eitelkeit eines Einhorns abgegeben. Als diese Farmer aber erst einmal einen Probeflug auf einem Peinhorn machen konnten, sich in rasendem Tempo darauf hoch in die Lüfte schwangen, überlegten sie es sich schlagartig anders. Seither sind zahlreiche Fachbetriebe entstanden, die sich darauf spezialisieren, Wand- und Deckenverstärkungen sowie Überwachungsanlagen für Einhornhöfe zu liefern, die das kräftige, launische und ausbruchsfreudige Peinhorn im Programm haben.

Die meisten Einhornmärkte gewähren gegen geregeltes Eintrittsgeld jedermann Zugang zu Anbietern und Attraktionen, aber das Interesse an exklusiven Veranstaltungen für die Kenner unter den Einhornfarmern nimmt zu. Das erste dieser Luxus-Events fand in Dubai statt, und die Presse berichtete über die Lancierung eines Pegasus-Einhorn-Hybriden unter dem Namen Peinhorn. Seither hat es solche Veranstaltungen auch in Vancouver, Montevideo, Tel Aviv und Reykjavík gegeben. Bei Redaktionsschluss dieses Bandes regelte die USA die dortigen Eintrittsgelder allerdings nicht.

Wenn Sie zum ersten Mal auf einem solchen Markt sind: Es ist wichtig, dass Sie früh kommen und sich an jedem Stand umschauen. Bevor Sie sich einzelne Tiere näher ansehen, sollten Sie mit Kapitel 8 vertraut sein, in dem der Erwerb von Einhörnern genauer beschrieben wird. Erstellen Sie vorher eine Liste mit Fragen, nach denen Sie Attraktivität, Freundlichkeit und Dauerhaftigkeit beurteilen können. Sie könnten zum Beispiel einen Verkäufer Folgendes fragen:

- Wie ist dieses Einhorn in Ihren Besitz gekommen?
- Was ist seine beste Eigenschaft? (Oder ihre, bei Stuten.)
- Wie viel kann es heben?
- Wie viel, denken Sie, kann *ich* heben?
- Wie verträgt es sich mit anderen (Einhörnern, Kindern, ungeschickten Stallburschen)?
- Was ist sein schwächster Punkt?
- Wenn es sich ein Essen mit jemandem wünschen dürfte (heutige oder historische Persönlichkeit), was wäre der Hauptgang?
- Ist es schon einmal Radioaktivität ausgesetzt gewesen? Wenn ja, hat es Wunderkräfte entwickelt oder eher Krankheiten?

- Wie sind die Regelungen für die Rücknahme?
- Gibt es eine kostenlose Probezeit?

Fragen Sie nicht, ob seine Fürze glitzern. Das wird selbst im besten Falle nur mit einer erhobenen Augenbraue und höheren Preisforderungen quittiert. Wenn Sie wirklich sehr neugierig sind, verschleiern Sie die Frage: »Welche Farbe und Körnung weist der Glitzer im Flatulenzfalle auf?«

 ZUR WARNUNG

STEVE – STROH AUF DEM SCHÄDEL, STROH DRUNTER

Steve wusste nicht so ganz, wie das mit den Einhörnern gemacht wird, als er die Farm seines alten Vaters übernahm. An seinem ersten Morgen als frisch gebackener Farmer stellte er fest, dass er vergessen hatte, Futter für die Tiere zu kaufen. Zwar hatte er sich Strohhut und Latzhose zugelegt, aber das war auch schon das einzig Professionelle an ihm. Nach und nach wirtschaftete er die Farm und das Ansehen seines Vaters herab. Die Einhornmarkt-Initiative USA setzte ihn auf die schwarze Liste, sodass man ihm auf Einhornmärkten keinen Eintritt mehr gewährte, und am Ende verkaufte er die Farm und was an Tieren noch übrig war an einen international bekannten Großunternehmer, der nach der Eroberung von Rockmusik und Weltraum neue Herausforderungen suchte.

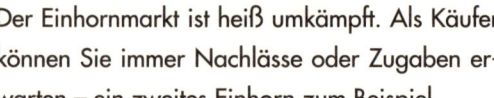

HORNKUNDE

Der Einhornmarkt ist heiß umkämpft. Als Käufer können Sie immer Nachlässe oder Zugaben erwarten – ein zweites Einhorn zum Beispiel.

ZU BESUCH AUF EINER EINHORNFARM

Wenn Sie nach weiteren Möglichkeiten suchen, Einhörner gründlicher unter die Lupe zu nehmen und womöglich auch eines zu kaufen, sollten Sie andere Höfe besuchen. Dort können Sie die Einhörner in natürlicher Umgebung studieren, und die Betriebsabläufe einer Einhornfarm lernen Sie weitaus leichter, wenn Sie sie von der Konkurrenz abschauen.

Sagen Sie bei der Ankunft, dass Sie selbst Farmer seien. Wenn Sie dies lieber für sich behalten wollen, seien Sie darauf gefasst, dass man Sie herablassend behandelt – schließlich werden die Farmführungen normalerweise für einfältigere Leute gemacht.

Wonach halten Sie bei diesen Besuchen Ausschau? Informationen! Geben Sie also anderen keine Ratschläge. Bleiben Sie still und nehmen Sie deren Stärken und Schwächen in sich auf. Dann vergessen Sie die Schwächen, damit Sie sich nicht aus Versehen davon statt von den Stärken inspirieren lassen.

AUFGEPASST: Trauen Sie auf einer Einhornfarm keinem Farmleiter mit Schnurrbart.

ABBILDUNG 2.j. *Ein Einhornfarm-Leiter mit Schnurrbart*

Nachdem Sie sich im Stall und auf dem Gelände umgesehen haben, fragen Sie, ob Sie mit dem Farmleiter sprechen können. Die Bezeichnungen können unterschiedlich sein: Betriebsleiter, Geschäftsführerin, Hornchef. Dieser Mann bzw. diese Frau sollte in der Lage sein, Ihnen jede Frage zum Aufbau Ihrer eigenen Farm zu beantworten. Nehmen Sie sich aber in Acht, falls er oder sie einen Schnurrbart hat.

Von allen mit Ausnahme der Schnurrbartträger werden Sie nützliche Hinweise bekommen, und Sie sollten sie aufschreiben, damit Sie diese nicht bei der Rückkehr auf Ihren eigenen Hof schon wieder vergessen haben. Typische Fragen, die man der leitenden Person einer Einhornfarm stellen kann, sind:

- Wie viele Einhörner sollte ich haben, wenn ich meinen Betrieb eröffne?
- Wie bringe ich Angestellte dazu, dass sie für Wünsche statt für Geld arbeiten?
- Wie schnell kann ich mit meinem Geschäft an die Börse?
- Was ist die billigste und dabei beste Einstreu?
- Wie kann ich den Ertrag steigern, wenn ich meine besten Hörner verkauft habe, um mit dem Geld Spielschulden zu bezahlen?
- Sind Einhörner billiger, wenn sie in China produziert werden?

Kaufen Sie während eines solchen Besuches nur dann ein Tier, wenn Sie gut über die Marktpreise informiert sind. Gerade auf Farmbesichtigungen kaufen Besucher oft überteuerte Ware, weil sie sich vom Ansehen der Institution beeinflussen lassen, ganz wie bei einem Museumsladen. Die folgende Grafik veranschaulicht typische Einhornpreise aufgeschlüsselt nach Angebotsort.

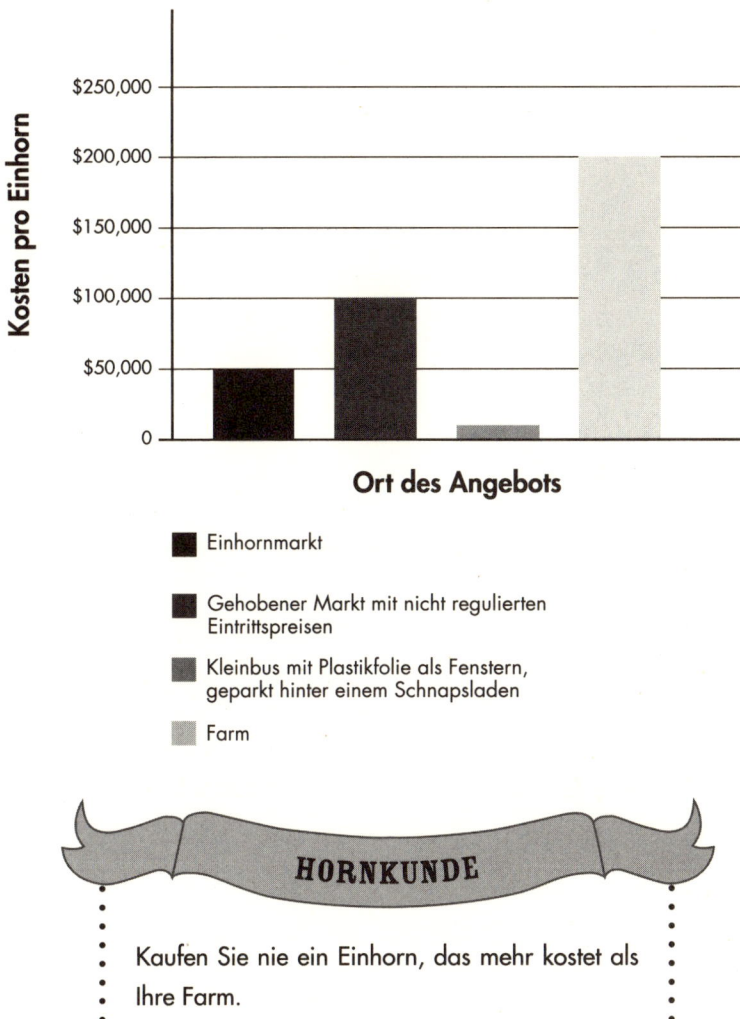

Kosten pro Einhorn

Ort des Angebots

- ■ Einhornmarkt
- ■ Gehobener Markt mit nicht regulierten Eintrittspreisen
- ■ Kleinbus mit Plastikfolie als Fenstern, geparkt hinter einem Schnapsladen
- ▨ Farm

HORNKUNDE

Kaufen Sie nie ein Einhorn, das mehr kostet als Ihre Farm.

Wenn Sie von Ihrem Besuch auf der Einhornfarm zurück sind, schreiben Sie dem Farmleiter oder der Leiterin sofort eine Dankeskarte. Mit dieser Geste zeigen Sie Ihren Respekt vor der Einhornfarmerschaft, und Sie verlernen das Schreiben mit der Hand nicht ganz.

ZUR ERMUNTERUNG

MARVIN UND DIE MAGIE DER KERZEN

Die erste Hälfte seines Lebens verbrachte Marvin ganz ohne Freunde. Selten fragte jemand, ob er sich beim Mittagessen zu ihm setzen wolle, und der Platz neben ihm im Bus blieb meistens leer. Der große Wendepunkt kam im College, als er hörte, dass die Mutter seines Zimmergenossen im Einhornkerzengeschäft war. »Ich habe gefragt, ob ich sie in den Weihnachtsferien besuchen kann. Sie dachte, ich wolle zu ihrem Sohn, aber in Wirklichkeit wollte ich zu den Einhörnern.« Als er mit ansah, wie behutsam sie die Ohren ihrer Wachslieferanten behandelte, spürte er eine innere Verbindung zu dieser Arbeit. Er fragte sie, wie sie die Einhörner gefunden habe — und wie es so sei, wenn man Einhornkerzen drehe. Was sei das Beste daran? »Sie war überrascht, dass ich mich dafür interessierte«, sagt Marvin, »denn ihrem Sohn war ihre Arbeit immer peinlich. Dieser Besuch führte dazu, dass ich im Hauptfach von Krankenpflege zu Wirtschaftskunde wechselte, mein Examen mit Auszeichnung bestand und schon am Tag danach meine eigene Einhornfarm aufmachte, statt auf Abschlussbälle zu gehen. Da ist doch sowieso nie was los.«

MERKEN SIE SICH ALSO:

1. Nicht alle Einhörner sind gleich, auch wenn sie die Idee der Gleichheit schätzen.
2. Es gibt vier Einhorn-Grundrassen: Reinhorn, Zwinkerzeh, Zornhorn und Zottelhorn. Ein Pferd mit Horn ist kein Einhorn.
3. Einhörner verlieren ihren Zauber, wenn sie von Männern gefangen werden. Lassen Sie also Frauen die Arbeit tun.
4. Einhornzucht kann schiere Wonne oder auch eine Katastrophe sein, je nachdem, wen Sie paaren; heraus kommt ein Keinhorn – ein hornloses Einhornbaby, das später entscheiden kann, ob es sich zum Leben mit Horn berufen fühlt oder nicht.
5. Einhornmärkte sowie andere Einhornfarmen sind der richtige Ort für den Erwerb der Tiere, aber man sollte vorher einen Fragenkatalog erstellen und über die Marktpreise orientiert sein.
6. Dankeskarten sind im gesamten Einhornfarmwesen gern gesehen.

IHRE EIGENEN NOTIZEN:

_____

_____

_____

_____

_____

_____

_____

_____

_____

_____

_____

_____

_____

_____

_____

_____

_____

_____

_____

_____

KAPITEL 3

·············

DER RICHTIGE STANDORT

Es war einmal eine wohltätige Erbin, die beschloss, mit ihrem Vermögen ein Refugium für Einhörner zu errichten. Fast ein ganzes Jahr lang suchte sie nach der perfekten lavendelduftenden, weizengrasbestandenen Wiese, dann rettete sie neun Einhörner vom Rennplatz der Stadt und schenkte ihnen in dem Wunderland die Freiheit. Aber sie hatte nicht bedacht, wie häufig Lavendel-Weizengras-Allergien bei Rennhörnern sind, und alle hatten sie ständig die Nase verstopft.

Dieses Kapitel wird Sie vor solchen Fehlern bewahren.

Bedenken Sie bei der Auswahl des Geländes für Ihre zukünftige Farm die verschiedenen Phasen eines Einhornlebens (siehe folgendes Diagramm).

Sämtliche Phasen – bis auf die letzte – finden auf Erden statt, und Einhörner brauchen ein angenehmes, positives Zuhause; und auch einer unsterblichen Gottheit ist der Olymp gerade recht. Mit anderen Worten, Einhörner brauchen eine vorteilhafte Umgebung ihr Leben lang – und darüber hinaus.

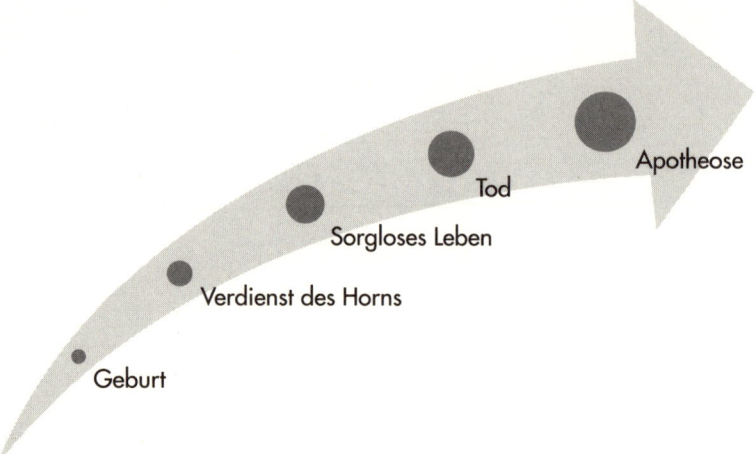

Apotheose

Tod

Sorgloses Leben

Verdienst des Horns

Geburt

DIE BESTEN ORTE FÜR DIE AUFZUCHT VON EINHÖRNERN

Einhörner sind selbstständige Wesen und können aus fast jeder Lage das Beste machen. Folgern Sie daraus aber nicht, dass ihnen jede Unterkunft recht ist. Sie können sich jeder Ökoregion der Erde anpassen, weil sie von Natur aus einfach alles wunderbar können, aber der Einhorn-Glückspegel ist am höchsten in den Waldregionen der gemäßigten Zonen, im Regenwald und den Savannen. Die Tundra findet am wenigsten Zuspruch, und die Einhornbewohner dieser Regionen sind ausgesprochen passiv-aggressiv.

Einige Erfolge sind mit schwimmenden Farmen erzielt worden, solange die Grenze mit den dort lebenden Narwalen abgesteckt ist. In maritimer Umgebung aufgewachsene Einhörner haben in allen vier letzten Mythischen Olympiaden Medaillen im Schwimmsport errungen.

Weitere Faktoren, die für die Wahl eines Ortes für die Einhorn-Aufzucht bedacht sein wollen:

- Nähe zu einem Bauernmarkt mit frischen Bioprodukten (ABB. 3.a.)
- Sonnenschein, unterbrochen von kurzen Regenschauern, gefolgt von prachtvollen Regenbogen (d.h. Hawaii)
- Verantwortungsbewusste Menschen in der Umgebung, die als Hornsitter einspringen können, falls Sie mal für eine Nacht vom Hof fortwollen

ABBILDUNG 3.a. *So finden Sie einen Bauernmarkt*

ZUR WARNUNG

KEITHS BRASILIANISCHER LEICHTSINN

Dass ein Einhornfarmer seine sämtlichen Tiere binnen des ersten Monats verliert, kommt nicht oft vor, aber Keith hat es geschafft. Als er zwei Millionen Dollar in der Lotterie gewann, kaufte er die erstbeste Einhornölplantage, die er finden konnte, und zog mit seiner ganzen Familie dorthin. Schließlich hatte er immer gehört, dass man mit Öl eine ganze Menge Geld machen kann, und das musste, sagte er sich, doch für *Einhornöl* erst recht gelten. Die Talgdrüsen der Einhörner lassen sich durch Feuchtigkeit und den Anblick von Wasserfällen leicht stimulieren und produzieren dann ein Öl, das den natürlichen Schimmer des Einhornfells erhöht. Die Farm lag tief im brasilianischen Regenwald mit gleich sieben Wasserfällen ganz in der Nähe, und jedes einzelne Einhorn produzierte bis zu zwei Fässern Öl jede Woche. Als Keith den Laden übernahm, riss er als Erstes den elektrischen Zaun ab, den sein Vetter aufgebaut hatte, denn er fand so etwas grausam. Er lebte im falschen Glauben, ein Einhorn finde immer von selbst wieder nach Haus, und dachte sich nichts dabei, als sie alle hinaus in den Regenwald wanderten. Keines kehrte zurück.

DIE SCHLECHTESTEN ORTE FÜR DIE AUFZUCHT VON EINHÖRNERN

Wenn ein Einhorn gern in angenehmer Umgebung seine unzähligen Tage verbringt, ist im Umkehrschluss anzunehmen, dass eine unangenehme, unruhige Umgebung einen negativen Einfluss auf es hat.

Und genau das stellten die Farmer des New York City-Einhornparadieses fest, als es an der Ecke 8. Avenue und 57. Straße eröffnete. Einen gemütlichen Trott vom Central Park entfernt, sollten die Einhörner dort bei Tage in den Brunnen baden und auf den Rasenflächen grasen können, Kinder sollten auf ihnen reiten, Touristen Fotos machen, und am Abend wären die Hörner in ihrem Hochhausquartier schlafen gegangen.

Aber es fing schon damit an, dass sie bei dem die ganze Nacht tosenden Verkehr nicht einschlafen konnten. Rund um den Central Park hören die Polizeisirenen und das Blaulicht einfach nie auf. Die nervöse Erregung und der Schlafmangel ließen die Einhörner in dieser Umgebung rasch neurotisch werden. Noch bevor sie sich an den Lärm in der Stadt gewöhnt hatten, waren sie überzeugt, dass es im Central Park nichts als Mord und Gewalt gab, und trauten sich überhaupt nicht mehr aus dem Haus. Das Paradies schloss eine Woche darauf.

Auch in Hongkong, im russischen Jakutsk und in Gary, Indiana, schlugen Versuche städtischer Einhornfarmen fehl. Blinkende Lichter, eisige Temperaturen, der graue Himmel oder das graue Land waren doch nicht ganz das, was Einhörner sich wünschen.

Weitere Faktoren, die man bei der Wahl für den Standort eines Einhornhofes am besten ausschließt:

- Zu große Nähe zu Leimfabriken
- Nachbarn, die zu Klatsch und Tratsch oder handgreiflichen Scherzen neigen
- Bruchlinien in Erdbebenzonen

WIE MAN SELBST AUS EINEM SCHLECHTEN ORT NOCH ETWAS MACHT

Natürlich kann man eine noch so schöne Liste von besten Orten haben, und das Portemonnaie ist anderer Meinung. Wenn Sie wissen, was Sie wollen, Ihnen aber das nötige Kleingeld fehlt, denken Sie immer an den Sinnspruch:

Oft liegst du danieder, doch die Hoffnung kommt wieder!
Das soll nicht heißen, dass Sie mit Hoffen allein Ihre Lage
bessern werden – Sie müssen immer noch einen Ort für Ihre
Farm finden und sie einrichten. Aber es ist einfach schöner,
wenn man ein Mensch mit Hoffnung ist und kein alter Gries-
gram.

Sollten Sie nach Musterung Ihrer Ressourcen zu dem Schluss
kommen, dass Sie sich nur einen Standort leisten können, der in
die Kategorie der »schlechtesten Orte« fällt, dann reden Sie of-
fen mit Ihren Tieren darüber, von Mensch zu Horn. Die Tiere
werden es Ihnen danken, wenn Sie von Anfang an ehrlich sind,
und früher oder später finden sie es ja doch heraus. Erklären Sie
ihnen, dass Sie ihnen gern ein schöneres Zuhause bieten würden
und das Sie hoffen, dass es bald schöner *wird*, dass dies aber im
Augenblick das beste ist, was mit Ihrem Budget zu erreichen ist.

Eine solche Versammlung wirkt Wunder, denn durch sie ent-
steht jener mitreißende Pioniergeist, der die Gründer im Silicon
Valley zusammengehalten hat, sodass sie ohne zu murren
80 Stunden die Woche in ihre Projekte steckten. Ähnliche Ergebnisse werden Sie bei Ihren Einhörnern sehen.

Wundern Sie sich nicht, wenn plötzlich mitten in der Wüste
eine saphirblaue, sprudelnde Quelle auftaucht, und stellen Sie
keine Fragen. Einhörner geben gern und großzügig, aber sie
bleiben dabei auch gern anonym.

Wenn sich nichts Magisches tut, besorgen Sie einen anstän-
digen Kunstrasen, und ein paar verlässliche Handwerker sollten
Sie ebenfalls an der Hand haben. Das mindeste, was Sie zum
Start einer Einhornfarm brauchen, sind Wasser, Futter, Abfall-
entsorgung, Unterkünfte und Kunst. Manches lässt sich kombi-
nieren; größere Kunstinstallationen eignen sich oft durchaus als
Unterkünfte, und Abfall kann zur Heizung verfeuert werden,
wenn die Einhörner schlafen.

Wenn Sie diese fünf Dinge haben, und sei es auch nur an einem ungünstigen Ort, dann können Sie der Welt mit gutem Gewissen sagen, dass Sie Einhornfarmer sind!

HORNKUNDE

Sie können aus Steinen kein Wasser pressen – aber Einhörner können das.

⚬ *ZUR ERMUNTERUNG* ⚬

ROGER UND DER ECHT KALTE FERIENORT

Oak Island in Minnesota war allein dafür bekannt, dass es dort lausig kalt und dass es ein hervorragendes Angelrevier war, als im Jahr 1987 Roger und sein erstes Zwinkerzeh dorthin kamen. Er wusste, dass die wenigen Inselbewohner sein Einhorn in Ruhe lassen würden, und die Art von Urlaubsgästen, die dorthin kamen, gab sich nicht mit Hörnern ab. Doch die Temperaturen und der See ringsum waren nicht gut für ein Geschöpf, dessen Fell hauptsächlich aus Funkelstaub besteht und das vor Wasser eine Heidenangst hat. »Ich hatte zwei Möglichkeiten: Entweder konnte ich die Investition abschreiben, dann hatten der See und die Kälte triumphiert, oder ich konnte meinem Einhorn einreden, dass wir auf einer tropischen Halbinsel seien.« Roger entschied sich für letzteres und stellte Tageslichtlampen auf, Heizstrahler und Palmen, und er errichtete einen Erddamm, den das Einhorn nie betrat, von dem es sich aber vorstellte, dass er zum Festland führte. Die Kunde von Rogers Erfolg verbreitete sich, und die Farm wuchs und gedieh. »Mein Rat an jeden, der von einer Einhornfarm-Ferienanlage träumt: Gehen Sie an einen Ort, an dem man angeln kann – der Rest ergibt sich dann ganz von selbst.«

MERKEN SIE SICH ALSO:

1. Der Standort ist von entscheidendem Einfluss auf die Erfolgsaussichten Ihres Einhornhofes, denn unglückliche und/oder tote Hörner nützen niemandem.
2. Die besten Standorte zur Aufzucht von Einhörnern bieten Behaglichkeit, Sonnenschein und gutes Futter.
3. Die schlechtesten Standorte zur Aufzucht von Einhörnern drohen mit Überreizung und Depression.
4. Sie können auch aus einem schlechten Standort etwas machen, wenn Sie sich ins Zeug legen und die Hörner auf Ihrer Seite haben.

IHRE EIGENEN NOTIZEN:

_____

_____

_____

_____

_____

_____

_____

_____

KAPITEL 4

ENTWICKELN SIE IHREN BUSINESSPLAN

Inzwischen haben Sie die Grundidee für Ihr Geschäft gefunden: ein Hof mit Einhörnern, die zu einem bestimmten Zweck gehalten werden. Wahrscheinlich haben Sie auch schon eine ganz gute Vorstellung davon, welche Rasse oder Rassen Sie gern auf diesem Hof hätten. Jetzt müssen Sie überlegen, wie Sie Ihren Plan in einen riesigen Magneten verwandeln, der genau das Geld anzieht, mit dem er wahr wird.

Dieses Kapitel beschäftigt sich mit Fragen, die Sie sich vermutlich selbst längst stellen. Statt dass Sie weiter Ihre Zeit mit Fragestellen verschwenden, lassen Sie *uns* die Fragen stellen! (Und wir beantworten sie Ihnen auch gleich!)

WIE FINANZIERE ICH MEINEN EINHORNHOF?

Ihr Geschäftsziel bestimmt, ob Sie einen kommerziellen Betrieb ansteuern oder ein Nonprofit-Unternehmen; und das wiederum bestimmt, welche Finanzierungsmöglichkeiten infrage kommen.

Wenn Sie mit Ihren Einhörnern ein örtliches Pflegeheim
mit Streicheltherapie beglücken
wollen, dann bietet sich die
Gründung eines Nonprofit-Un-
ternehmens an, bei dem bereits
der Name einen Wohlfühlfak-
tor haben sollte, etwas wie zum
Beispiel »Das Heilende Horn«

ABBILDUNG 4.a. *Ein älterer
Mitbürger erfährt die Magie der
Einhornstreicheltherapie.*

(ABB. 4.a.). Damit können Sie Fördergelder beantragen und all
die Sachen tun, die Nonprofit-Gruppen tun. Synergie!

◠ ZUR ERMUNTERUNG ◠

CARLOS, DAS ZORNHORNKIND

»Ich weiß das eine oder andere über Einhörner, schließlich haben mich zwei
Zornhörner großgezogen, zusammen mit ihrem schrulligen Nachbarn, dem Zottelhorn«, sagt Carlos stolz. Es war die tiefe, durch die Kindheit geschmiedete
Verbindung, die ihn als Erwachsenen dazu brachte, seinen Traum zu leben und
eine Zuflucht für die Geschöpfe zu schaffen, die er so innig liebte. Er sammelte
Spenden auf SciFi-Kongressen, Kunstfestivals und den von ihm erfundenen Trot-
tathons, und dieses Geld investierte Carlos umgehend ins damals blühende Ak-
tiengeschäft. Nach einem Monat hatte er genug Geld beisammen, um ein kleines
Stück Land zu erwerben, und das tat er auch. Er nannte es Hornland, tilgte die
Kunde davon aus allen heutigen Landkarten und baute dort ein privates Reha-
Resort auf, das zugleich auch den Einhörnern als Refugium dient. Selig blickt
er vom großen Glasfenster des Gruppentherapie-Massage-Maniküresaals hinab zu
den ewigen Kleefeldern. »Ich will, dass die Hörner sich hier so geborgen fühlen,
wie ich mich als Kind bei ihnen gefühlt habe.«

Wenn Sie aber *wirklich* mit Einhörnern Geld verdienen wollen, stellen Sie sich lieber mit den Leuten im Maßanzug gut, mit den Krösussen der Geschäftswelt Ihrer Gegend!

Hier ein paar verbreitete Methoden, um das Startkapital für einen Einhornbetrieb zusammenzubekommen:

- Privatanleger
- Zweithypothek
- Verkaufen Sie den ganzen Krempel, den Sie noch von Ihrer letzten verrückten Geschäftsidee haben
- Gehen Sie mit einem Stand auf den Mittelaltermarkt, auf dem Sie Krimskrams mit Einhornmotiven verkaufen
- Borgen Sie Geld von kauzigen, flatterhaften Freunden, die nicht darüber nachdenken, ob Sie noch bei Verstand sind

Mit gutem Grund stellen Sie sich vor, dass es nicht leicht sein wird, einen Privatinvestor dazu zu bringen, dass er Geld für den Erwerb eines Einhorns auf den Tisch legt, gerade wenn dieser Investor auch noch alles andere als überzeugt ist, dass es Einhörner überhaupt gibt. Deshalb brauchen Sie eine eindrucksvolle Präsentation, die Sie jederzeit zur Hand haben müssen.

Vergessen Sie, wenn Sie diese Präsentation erstellen, nie, dass *Sie* die Führung behalten müssen. Konzentrieren Sie sich auf die Tatsache, dass Ihre Zuhörer genauso Geld verdienen wollen wie Sie. Glauben Sie daran, dass die Kraft des Einhorns alles wahr werden lässt. Klatschen Sie in die Hände, wenn Ihnen das hilft.

Overheadfolien, Schautafeln, mehrseitige Handouts sind die traditionellen Mittel für diese Art von Präsentation. Aber was, wenn Sie gerade gar nicht in einem Büro sind? Was, wenn Sie gerade an die Tür zu Ihrem liebsten Gourmetsandwichladen kommen, und ein Wildfremder hält Sie auf und sagt: »Ich würde so gern eine ganze Tonne Geld verdienen, aber mir fällt einfach kein gutes Investment ein. Kennen Sie vielleicht eines?«

Und, kennen Sie?

Deshalb müssen Sie *jederzeit* Ihre 30-Sekunden-Präsentation parat haben. In dieser mitreißenden Mini-Rede muss alles drin sein, was an Ihrem Unternehmen aufregend ist und was die Emotionen Ihrer Zuhörer derartig packt, dass sie am Ende rufen: »Hier ist meine Kreditkarte – $ 50.000 Kreditrahmen! Nehmen Sie sie! Ich werde sie nicht als vermisst melden!«

Für diejenigen unter Ihren Zuhörern, die sich weniger durch Emotionen als durch Zahlen beeindrucken lassen, brauchen Sie ein paar mitreißende Statistiken. Die meisten Leute wissen, dass 83% aller Statistiken schiere Fantasie sind, aber nur 17% merken es, bevor sie den Scheck ausstellen.

WEISHEIT EINES ALTEN EINHORNFARMERS

Wenn ein Investor Ihnen, nachdem er den Scheck ausgestellt hat, vorhält, Sie hätten ihn getäuscht, sollten Sie einen guten Anwalt zur Hand haben. Arbeiten Sie nicht mehr weiter mit Zahlen ... es sei denn, diese klingen wirklich überzeugend.

IHR EINHORNFARM-DREAMTEAM

In Ihrem Traum vom Einhornhof sind wahrscheinlich die Rollen von Produzent, Regisseur, Schauspieler und Beleuchter allesamt mit Ihnen besetzt, aber in Wirklichkeit brauchen Sie einen vollen Satz Darsteller und ein komplettes Produktionsteam, damit Ihre Farm reibungslos, ohne Gefahren und länger als eine Woche läuft. Welche Stars sollten Sie also schon zu Anfang an Bord haben?

Auf alle Fälle brauchen Sie einen Arzt. Im Idealfalle ist dies ein Alchemist mit hornwissenschaftlichem Fachwissen, obwohl es ein aufgeschlossener Tierarzt auch tut.

Wenn Ihre Einhörner geliefert werden, sollten sie auf ihren Gesundheitszustand geprüft werden. Der Arzt sollte also am Starttag dabei sein. Die hohen Kosten eines farmeigenen Arztes können Sie durch vertragliche Vereinbarungen mit einem auswärtigen senken. Das hat zudem den Vorteil, dass Sie etwas haben, das Sie dramatisch zerreißen können, wenn Sie dem Vertragsarzt zu verstehen geben wollen, dass er die vereinbarten Leistungen nicht erfüllt.

Stallburschen und Hornknechte sind nach dem Arzt die nächsten Mitglieder der Farm-Mannschaft, die das Einhorn bei seiner Ankunft kennenlernt. Diese Fachkräfte sollten sich im Umgang mit Einhörnern auskennen, wozu auch Ernährung, Verhalten, Gefühlsleben und Körperpflege (die der Einhörner wie auch die eigene) gehören. Man findet oft ausgezeichnete Leute, die schon als Stallburschen auf Gestüten oder als Pferdeknechte gearbeitet haben, und dann müssen sie nur noch in einer speziellen Schulung die feinen Nuancen lernen, die das Einhorn vom Pferd unterscheiden. Schulungen helfen auch den nicht ganz so ausgezeichneten Leuten, aber Sie setzen sie am besten bei den Zottelhörnern ein, denn die sind bedächtig und gutmütig, auf ihre vertrottelte Art.

Im Idealfall sind alle Angestellten Jungfrauen (und sollten dann korrekterweise als Stallmädchen und Hornmägde bezeichnet werden), denn den Einhörnern ist es am liebsten, wenn sie mit Geschöpfen umgehen, die genauso unschuldig sind wie sie selbst. Wenn Sie Jungfrauen angestellt haben und dann merken, dass Ihre Einhörner sich ihnen gegenüber plötzlich anders benehmen, dann haben Sie schönen Stoff für Klatschgeschichten und/oder Erpressungen.

ABBILDUNG 4.b. *Visitenkarte einer erfolgreichen J.a.A.*

Das bringt uns auf ein neues Anstellungskonzept, das sich im Einhornfarmbereich immer mehr durchsetzt: die Jungfrau auf Abruf (J.a.A., ABB. 4.b.). Diese wertvollen Mitarbeiterinnen sind besonders nützlich im Einsatz mit Zornhörnern, die oft Bändigung brauchen. Jn.a.A. werden gerufen und führen sie auf den Pfad der Fügsamkeit und zu den Regeln des Farmbetriebs zurück. Spezielle Unfallversicherungspolicen für Jn.a.A., die der Arbeit mit außer Rand und Band geratenen Einhörnern Rechnung tragen, werden derzeit entwickelt.

Und zuletzt, um noch einmal auf das vorhin über verärgerte Investoren Gesagte zurückzukommen, sollten Sie immer ein gutes Juristenteam zur Hand haben. Das dient nicht nur Ihrem eigenen Schutz, sondern Ihr Geschäft wirkt damit auch gleich viel seriöser. Und wenn jemand mit einer Frage kommt, auf die Sie nicht vorbereitet sind, können Sie sagen: »Ich bespreche das mit unseren Anwälten und melde mich dann wieder.«

Sie werden staunen, wie kreditwürdig Sie plötzlich sind.

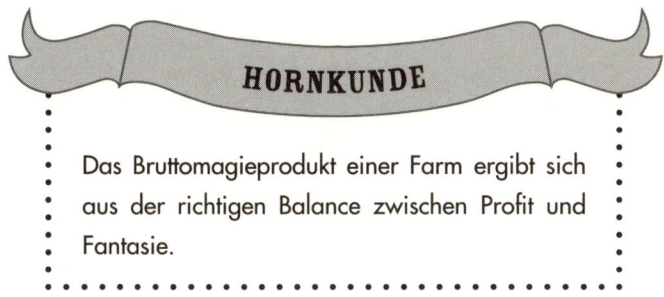

HORNKUNDE

Das Bruttomagieprodukt einer Farm ergibt sich aus der richtigen Balance zwischen Profit und Fantasie.

WIE VERDIENE ICH DAS MEISTE GELD?

Bei allem, was neu ist, sitzt das Geld locker, aber es gibt immer Möglichkeiten, Geldfluss und Neuigkeitswert auch über den Punkt hinaus zu halten, an dem die erste Welle vorüber ist. So etwas ist vorher schon mit Plateausohlen, Schokolade und Wasserspülung gelungen. Stinktiere als Spielgefährten hingegen haben sich nie durchgesetzt.

Entscheidend kommt es darauf an, dass Sie Ihr Produkt aus dem Nischenmarkt heraus- und in den Mainstream hineinbringen. Mit anderen Worten, nehmen Sie sich nicht die Expansionsmöglichkeiten, indem Sie mit einem einzelnen Zottelhorn auf Jahrmärkten auftreten, und beschränken Sie Ihre Werbung nicht auf ein eselsohriges, mit Marker geschriebenes Plakat »Heute großes Einhornstreicheln«.

Sie machen eine Einhornfarm auf! Da *muss* man in anderen Dimensionen denken.

Ihre Farm selbst kann das Produkt sein, in der Art von Disneyland. Sie müssen damit werben, was für ein einmaliges, umwerfendes Erlebnis ein Besuch auf Ihrem Einhornhof ist. Sie richten den Hof so ein, dass er dem natürlichen Lebensraum der Hörner so ähnlich wie nur möglich ist, bis hin zu Wattewölkchen und dem sanften Raunen des Waldes. Wenn die Farm allein nicht reicht, um das Konzept »seliges Traumland« zu vermitteln, peppen Sie sie mit einem altmodischen Karussell auf.

Merchandising ist natürlich immer das beste Mittel, um die Massen anzusprechen. T-Shirts (ABB. 4.c.), Spielzeug und Keramiktäfelchen mit witzigen Slogans bringen immer Geld. Massenprodu-

ABBILDUNG 4.c. *T-Shirt mit Hornmotiv, ein typisches Produkt in Einhornhofläden*

zierter Schund, das ist es, was Ihre Kundschaft will.

Auch etwas Nützliches wird immer gern genommen. Wie wäre es mit einer leckeren Marmelade (aber nicht aus Einhörnern gekocht; vergessen Sie nicht: die schmecken grässlich) mit ein wenig Glitzer darin? Allerdings nicht zu viel Glitzer, sonst kommt es nur auf dem Kuriositätenmarkt an. Schiere Kuriositäten sollte man nur in Souvenirlädchen oder in Versandhauskatalogen im Haus Ihrer Großeltern finden.

HÄTTEN SIE'S GEWUSST?

In einem Labor zur Erforschung alternativer Energien im kalifornischen Sacramento wurde kürzlich entdeckt, dass Zwinkerzehen in der Lage sind, Menschenfürze in Elektrizität zu verwandeln. In der Tierrecht-Szene regt sich bereits heftiger Widerstand gegen den Einsatz von Einhörnern als Energiewandler. Zudem sieht man die permanente Belastung der Hörner durch übel riechende Dünste als Tierquälerei an.

WIE ENTWICKLE ICH UNTERNEHMENS-LEITSÄTZE, DIE MICH ZU HÖCHST-LEISTUNGEN ANSPORNEN?

Wenn Sie einen gewöhnlichen Getreidefarmer fragen, welches die Leitsätze seines Betriebes sind, dann hört er vielleicht einen Moment lang auf, an seinem Grashalm zu kauen, und spuckt Ihnen auf den Schuh. Das ist es, was Einhornfarmen von anderen Farmen unterscheidet: Sie haben Klasse.

Einhornfarmer kauen roten Lakritz und keine Grashalme, und in ihrer Freizeit entwickeln sie Unternehmensleitsätze. Mit anderen Worten, Formulierungen, in denen zusammengefasst wird, was sie mit ihrer Arbeit erreichen wollen. Leitsätze werden in einer Sprache geschrieben, die vor Tatkraft strotzt, und sollen zeigen, wie professionell gearbeitet wird; es kommt darin das Bild des erfolgreichen Unternehmers zum Ausdruck, das Sie anderen gern von sich vermitteln wollen.

Hier sind ein paar Beispiele für den Unterschied zwischen guten und schlechten Unternehmensleitsätzen.

GUTE KONTRA SCHLECHTE UNTERNEHMENSLEITSÄTZE	
GUT	SCHLECHT
Bonanza-Horn hat es sich zur Aufgabe gesetzt, mit hochwertigen Produkten und knallhart kalkulierten Preisen frischen Wind in den Einhornhaarmarkt zu bringen.	Wir wollen euer Geld. Notfalls mit Gewalt.
Wir vom Vereinigten Einhornhandel wollen, dass die Welt ein schönerer Ort wird – mit jedem Horn, jedem Regenbogen, jedem wohlhabenden Besitzer neu.	Wir haben uns in den Kopf gesetzt, euch auch noch um das letzte bisschen Wohlbefinden zu bringen.
Magisches Manna – das sind die Fruchtsaftkonzentrate, die auch Einhörner lieben.	Wir sind von Grund auf kommunistisch-separatistisch. Raus aus Amerika!

Sie sehen selbst, ein guter Unternehmensleitsatz möchte den Eindruck vermitteln, dass man unbesorgt zum Portemonnaie greifen kann. Sie wissen vielleicht kaum etwas über diesen Geschäftszweig, aber die Tatsache, dass Unternehmensleitsätze existieren und die Unternehmer wohlinformiert und selbstbewusst klingen, genügt, um Geldgeber davon zu überzeugen, dass die Investition sich lohnt.

DIE PROFITABELSTEN EINHORN-UNTERNEHMEN

An diesem Zeitpunkt fragen Sie, der zukünftige Meister aller Einhornfarmer, wahrscheinlich: »Das ist ja alles gut und schön, aber wie komme ich denn nun an das große Geld?«

Mit dieser Frage beweisen Sie, dass Sie über die richtige Motivation verfügen. Denn wie wollen Sie jemals den Jackpot knacken, wenn Sie immer nur an Münzautomaten spielen? Die traurigsten Geschichten über gescheiterte Einhornhof-Initiativen erzählen von Unternehmern, die nie den Ehrgeiz entwickelt haben, über das Mittelmaß hinauszukommen. Gewiss, sie *sagen* vielleicht, sie seien mit ihrem Los im Leben zufrieden, sagen, dass sie sich lieber von Jahr zu Jahr neue, erreichbare Ziele setzen, ihren Angestellten und Einhörnern Urlaub geben und Krankengeld zahlen. Aber wie dick sind deren jährliche Geschäftsberichte? Einen Wievielfarbendruck können sie sich leisten?

Genau das.

Die besten Möglichkeiten, mit Einhörnern Geld zu verdienen, entnehmen Sie dem folgenden Kreisdiagramm; es zeigt den Anteil der jeweiligen Sparten am Gesamtgewinn während der letzten zehn Jahre.

Mit wenigen Ausnahmen ist der Anteil dieser Sparten am Gesamtmarkt während des letzten Jahrzehnts stabil geblieben.

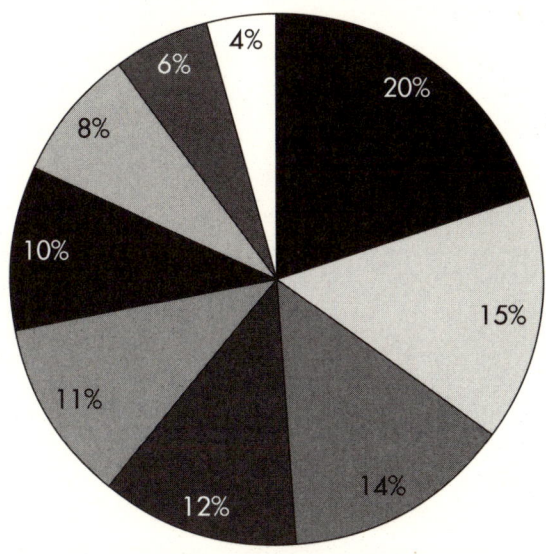

20% Materielle Produkte *(z.B. Objekte aus Hornbein, Haarteile aus Hornhaar, Glitzerwein aus horngepressten Trauben usw.)*

15% Personalisierte Dienstleistungen *(z.B. Einhornritte, Akupunktur, Haushaltshörner usw.)*

14% Steichelzoos/Unterhaltung für die Familie *(außerhalb von Erlebnisparks)*

12% Erlebnisparks *(ABB. 4.d.)*

11% Bildungsstätten

10% Kommerzielle Dienstleistungen *(z.B. erneuerbare Energien, Verpackungen, Telegrammboten usw.)*

8% Rennbahnen

6% Unterhaltung *(z.B. echte Zaubershows, Kurzauftritte beim Film, Laienschauspiel usw.)*

4% Andere

ABBILDUNG 4.d. *Einhornstand in einem Erlebnispark*

Allerdings sollten Sie nicht zwingend daraus schließen, dass es sich empfiehlt, eine bestimmte Sparte zu wählen. In jeder Sparte können Sie der Ausreißer sein! Wenn Sie zum Beispiel einen Blick für Talente haben, dann stehen Sie vielleicht besser da als jemand, der einen Themenpark mit nicht sicherheitsgeprüften Attraktionen aufmacht und dann den ganzen Gewinn für Anwaltskosten hergeben muss.

Wählen Sie die Sparte, die am besten zu Ihnen passt, und was Sie darüber hinaus noch brauchen, das ist eine gehörige Portion Hartnäckigkeit. Wie die meisten Unternehmen brauchen auch Einhorngeschäfte fünf Jahre, bevor sie den ersten Gewinn abwerfen. Und manchmal ist dieser Profit kein Bargeld, gerade wenn Ihre Kunden ebenfalls Einhörner sind, denn das hornübliche Zahlungsmittel ist Regenbogensegment. Geben Sie also nicht auf – eines Tages sind vielleicht *Sie* derjenige, der Ratschläge gibt, wie man eine Einhornfarm aufmacht!

HORNKUNDE

Wenn Sie ein Einhorn anschirren, dann schirren Sie auch seine Ertragsmöglichkeiten an!

 *ZUR WARNUNG*

MARYS MISSLICHER TRAUM

Jahrelang hatte Mary von einer Pizzeria samt einhornbasiertem Unterhaltungsbetrieb geträumt. Mit sieben träumte sie davon, Flipper an einem Automaten mit Einhornmotiven zu spielen, und mit vierzehn kreierte sie ihre erste animatronische Bühnenshow. Während sie an der Abschlussarbeit ihres doppelten Masterstudiengangs (Wirtschaftslehre und Cyberengineering) schrieb, lernte sie Einhornrennen kennen. Sie gab ihren Kindheitstraum auf und steckte sämtliches Geld in den Erwerb eines abgewirtschafteten Rennplatzes mit zwei reinrassigen Zornhörnern, gezüchtet, um zu siegen und um sämtlichen Mitbewerbern Angst und Schrecken einzujagen. Allerdings spielte der Platz nie seine Betriebskosten ein – er machte zu, und mit ihm verschwanden Marys gesamten Ersparnisse. Noch heute summt sie die Eröffnungsnummer der nie wahr gewordenen Show vor sich hin, in dem die Robohörner singen: »Ein Horn hat die Pizza so gern!«

MERKEN SIE SICH ALSO:

1. Nonprofit-Betriebe sind schön und gut, aber nur Kommerzbetriebe machen Sie reich und berühmt.

2. Haben Sie immer eine wirklich erstklassige Präsentation bereit, mit blitzschnellen Argumenten dafür, warum Leute Ihnen Geld geben sollten.

3. Ihre Farm braucht einen Arzt, Stallburschen, Hornknechte (oder besser Stallmädchen und Hornmägde) und mindestens eine Jungfrau. Wenn Ihnen letztere fehlt, hören Sie sich um, ob es in Ihrer Gegend eine J.a.A. gibt.

4. Wenn Sie Geld verdienen wollen, dann machen Sie sich klar, wozu die Farm da ist und was Sie dort zu verkaufen haben. Meiden Sie reine Kuriositäten.

5. Kauen Sie roten Lakritz.

6. Kunden honorieren gute Unternehmensleitsätze.

IHRE EIGENEN NOTIZEN:

SCHLUSSBEMERKUNG
❧ ZUM ERSTEN TEIL ❧

Damit sind wir am Ende des Plan-Kapitels angelangt, und Sie haben eine klarere Vorstellung davon bekommen, was Sie in diesem attraktiven Bereich geschäftlich erreichen wollen. Dollarzeichen und Einhörner drehen sich vor Ihrem geistigen Auge im Walzertakt, und damit wird es Zeit, an die Umsetzung Ihres Plans zu gehen.

Auf nach draußen, holen Sie diesen großen Fischzug ein, Netze voller Banknoten! Stopfen Sie sich die Taschen voll – und besorgen Sie sich größere Taschen!

Führen Sie Einstellungsgespräche mit den passenden Kandidaten und achten Sie dabei auf das Staunen in ihren Augen (solche Leute sind immer die besten Verkäufer).

Machen Sie sich auf in die magischen Wälder, sammeln Sie Ihre erste kleine Hornherde zusammen.

Besuchen Sie einen Einhornmarkt und halten Sie Ihre Brieftasche fest, damit sie nicht den hinterhältigen Trollen in die Hände fällt.

Machen Sie sich darauf gefasst, dass Sie hart arbeiten müssen … mit Ihrer Fantasie!

ZWEITER TEIL

DAS GRUNDWISSEN

KAPITEL 5

LERNEN SIE DIE LEBENSGEWOHN- HEITEN DER EIN- HÖRNER KENNEN

Jeder erfolgreiche Unternehmer wird Ihnen sagen, dass eine Idee nur so gut ist wie ihre Umsetzung. Im Laufe des vorigen Kapitels haben Sie fantastische Pläne geschmiedet, aber effektive Einhornhöfe wachsen nicht durch fantastische Pläne aus dem Boden. Sie entstehen aus der Fusion von Begeisterung und Tatkraft.

In diesem Kapitel zeigen wir Ihnen, wie es wirklich losgeht; wenn Sie also lieber Ihren Träumen nachhängen und Wolken betrachten wollen, dann bleiben Sie noch ein Weilchen in Kapitel 1.

Geld kommt aufs Konto, wenn Sie ein Produkt oder eine Dienstleistung erschaffen, das oder die andere haben wollen. Sie können auch planlos ein Produkt oder eine Dienstleistung auf den Markt bringen, aber Sie werden damit nicht den gleichen Erfolg haben als wenn Sie es planvoll tun – mit Richtlinien, Vorgaben, Zielsetzungen und dem ganzen Businessbrimborium.

In diesem Geschäftszweig ist es schwieriger als in den meisten anderen, die richtige Balance zwischen all diesen Faktoren zu finden, denn es ist mehr als schwierig, Einhörner und alles, was mit ihnen zu tun hat, zu kategorisieren und zu quantifizieren. Gerade, wenn Sie denken, jetzt hätten Sie endlich alles wissenschaftlich klar, geschieht das Unvorhersagbare, das all Ihren schönen Plänen und Börsenprognosen den Hornstoß versetzt.

Einen Plan zu fassen und ihn dann umzusetzen ist nicht so leicht, wie es klingt. Seien Sie darauf gefasst, dass Sie bei manchen Ihrer Vorstellungen noch einmal komplett umdenken müssen, denn wir nähern uns mit Riesenschritten dem *Dritten Teil: Der Praxis*.

IHR EINHORN: DAS WICHTIGSTE

Einhörner bestehen aus mehr als nur aus Glitzer und Liebe. Ihre Anatomie ist das schiere Wunder, und da müssen Sie sich als Farmer einfach auskennen (ABB. 5.a.).

Einhörner sind entfernte Verwandte von Oryx-Antilope, Narwal, Ziege und heutigem Rhinozeros, und sie sind direkte Nachfahren von Hoplitomeryx, Hexameryx und Urzeitnashorn. Aller-

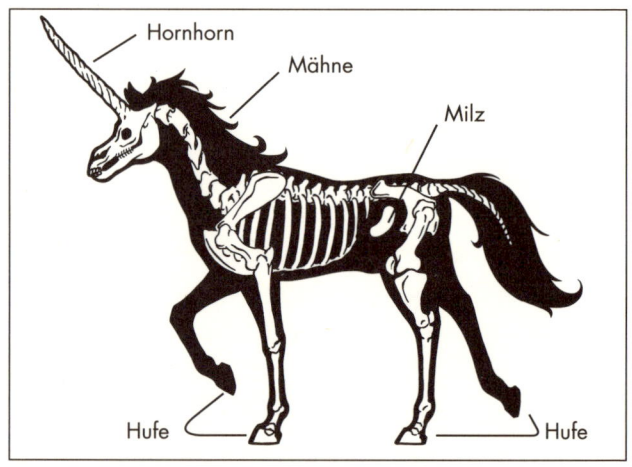

ABBILDUNG 5.a. *Die Anatomie des Einhorns*

dings verfügt das Horn des Einhorns (fachsprachlich Hornhorn) über eine größere Magiedichte als die Hörner all seiner Verwandten – 3,6 Deziliter, im Unterschied zu den durchschnittlich 0,03 Mikrolitern Magie, die sich bei den anderen finden.

Neben dem Hornhorn gibt es drei weitere zaubermächtige Bereiche der Einhorn-Anatomie: Mähne, Hufe und Milz. Alles in allem also vierfache Aussicht auf Begeisterung und Faszination!

- **Das Hornhorn** ist legendär für seine Abwehrfähigkeit gegen alle Gifte; es befreit den Körper von Toxinen.
- **Die Mähne**, wenn kräftig geschüttelt, sendet mutierte Staubmilben aus, die einen Gegner mittels allergischer Reaktionen außer Gefecht setzen.
- **Die Hufe** lassen Schokoladenkekse bis zu dreiundzwanzigmal besser schmecken.
- **Die Milz** sendet durch die verschiedenen Körperöffnungen Regenbogen aus, die sowohl als Glückstransmitter dienen können als auch als tödliche Laserwaffe, je nach Aufzucht und Abrichtung.

HÄTTEN SIE'S GEWUSST?

Die antitoxine Wirkung des Hornhorns ist erwiesen. Es entgiftet den Körper, hilft ungesunde Beziehungen aufzuspüren und ist auch ein toller Fleckenentferner.

Andere beachtenswerte Einhornprodukte sind Speichel und Schleim; beide finden in der Küche Verwendung. Einhornspeichel ist ein wirksames Schlankheitsmittel, denn es hebt die Geschmacksstoffe der Nahrung im umgekehrten Verhältnis zum Kaloriengehalt hervor, sodass der Geschmack von kalorienhaltigen Speisen gedämpft und der von gesünderen Alternativen hervorgehoben wird. Aus dem funkelnden Schleim werden Zuckerkringel gefertigt.

 ZUR ERMUNTERUNG

DIE COURAGIERTE KELLY

Kelly hatte so schwere Allergien, dass sie nur mit Sauerstoffmaske schlafen konnte, und entsprechend groß waren ihre Skrupel beim Erwerb ihres ersten Einhorns. »Ich wusste von den mutierten Staubmilben in der Mähne, und da hatte ich immer Angst, dass mein Horn sich vielleicht mal über mich ärgert«, gesteht sie. Aber sie hasste ihre Arbeit als plastische Chirurgin und wollte den befriedigenderen, einträglicheren Weg der Einhornfarmerin gehen. So stülpte sie sich die Sauerstoffmaske über, zahlte ihre zehn Dollar reguliertes Eintrittsgeld, ging auf den lokalen Einhornmarkt und erwarb ihre ersten beiden Hengste. Sie stellte fest, dass im täglichen Umgang mit den Tieren ihre Allergien verschwanden. »Eines Tages, als ich Zuckerwimper striegelte, fiel die Sauerstoffmaske einfach ab, und ich konnte freier atmen als je zuvor! Als ich die Einhornfarm aufbaute, habe ich mehr bekommen, als ich je gehofft hatte – ich bekam meine Gesundheit zurück! Und ich verdiene fünfmal so viel wie früher mit den Nasenkorrekturen.«

Seit Ewigkeiten immer wieder gestellt wird die Frage, ob ein Einhorn wirklich ein Einhorn ist oder womöglich ein falsches Horn. Als Hochstapler kennt man Ziegen mit zusammengewachsenen Hörnern (ABB. 5.b.), magersüchtige Nashörner (ABB. 5.c.) und Narwale auf Beinprothesen (ABB. 5.d.).

ABBILDUNG 5.b. *Eine Ziege mit zusammengewachsenen Hörnern*

ABBILDUNG 5.c. *Ein magersüchtiges Nashorn*

ABBILDUNG 5.d. *Ein Narwal auf Beinprothesen*

Experten halten dieser Tage zwei Methoden zur Echtheitsprüfung bereit:

- Sie beobachten die Reaktion des Hornhorns beim Kontakt mit giftigen Substanzen
- Sie beobachten die Reaktion des Tiers beim Kontakt mit einer Jungfrau

Wissenschaftlich gesprochen liefert die zweite Methode wesentlich sicherere Ergebnisse als die erste.

Einhörner neigen zur Monogamie, sofern sie sich überhaupt paaren. Sie sind zwar keine Herdentiere, aber doch gutmütig genug, um auch längere Zeit in Gesellschaft anderer Einhörner zu verbringen. Informell wird eine Gruppe von Einhörnern »Hornbande« genannt, und es ergibt sich häufig, dass einer aus einer solchen Gruppe zum Anführer wird. Der formelle Titel »Großes Horn« ist eine Erfindung der Grußkartenindustrie, auf derselben Produktplanungssitzung entstanden wie der »Tag des Chefs«, und die Mehrzahl der Einhörner weigert sich, ihn zu verwenden. Gerade die Hengste.

HÄTTEN SIE'S GEWUSST?

Die Einhörner haben eine Ältestenversammlung, der sie allesamt unterstehen, den Großen Hornrat, dessen Vorsitzender das Allhorn ist. Jedes Einhorn kann einen Streitfall vor den Hornrat bringen; der Rat erlässt Verordnungen und plant zudem Überraschungspartys bei vergessenen Geburtstagen.

Einhörner sind den Menschen darin sehr ähnlich, dass sie bemerkenswert gerissen und ausgesprochen dumm zugleich sein können. Eine andere Ähnlichkeit ist, dass sie sich, wenn sie Angst haben, einem anderen, Dominanteren unterordnen, ob er nun aus dem gleichen Genpool stammt oder nicht. Nur logisch, dass sich daraus mancherlei Konfliktpotenzial ergibt.

Einhörner können oberflächlich sein, und in Hornbanden herrscht ein Hang zum auffälligen Ornament, wie man ihn aus den Klatschgeschichten der Celebrity-Szene kennt. Dies hat in den letzten Jahren verstärkt zu Fellrasuren, Hornverlängerungen und geschärften Zähnen geführt. Während die ersten beiden Behandlungen kosmetischer Art sind, ist letzteres eine Reaktion auf die Klatschgeschichten.

Die vier Einhornrassen finden sich weltweit. Die folgende Karte (ABB. 5.e.) zeigt die Hauptverbreitungsgebiete. Manche Länder sind stolz auf ihre Einhornpopulation, wie etwa Schottland, wo das Reinhorn sogar Symboltier des Staates ist. Andere spielen deren Gegenwart herunter oder leugnen – wie etwa Frankreich mit seiner gewaltigen Zahl von Zottelhörnern – die Existenz ihrer Einhörner rundheraus.

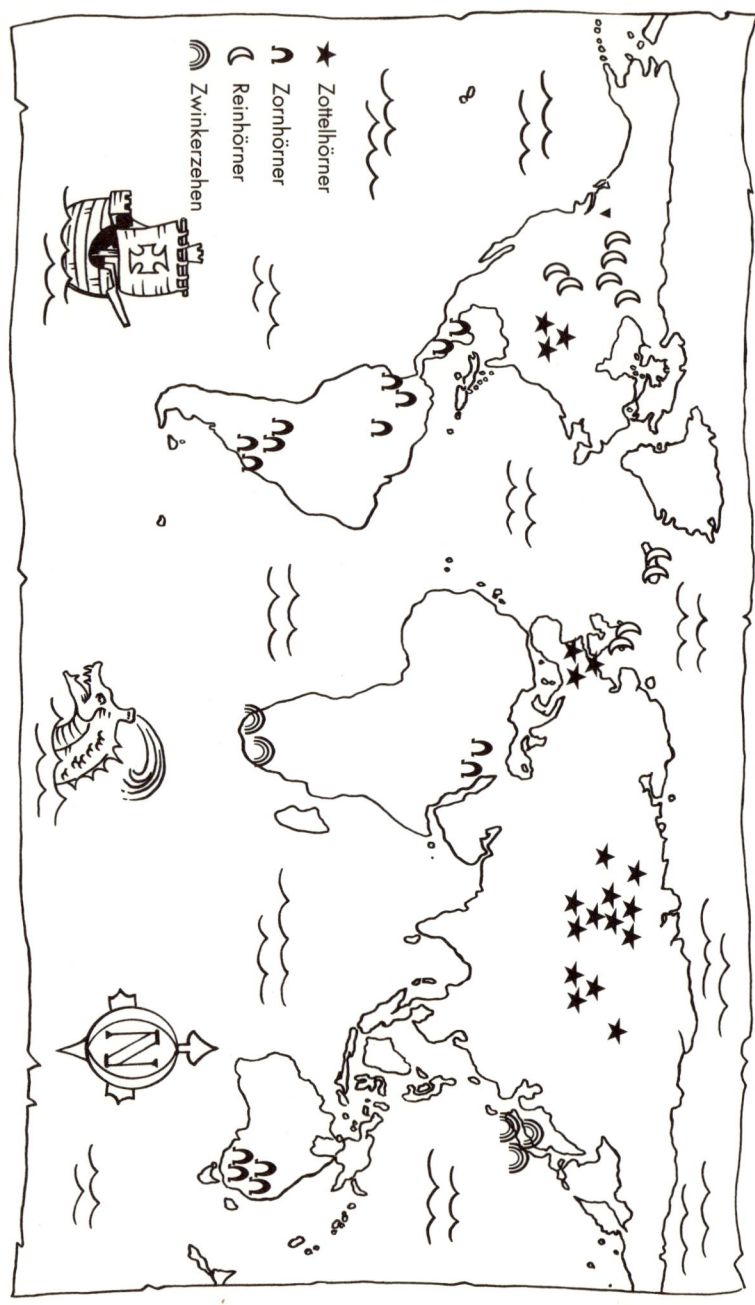

ABBILDUNG 5.e. *Eine Übersicht über die Einbornpopulationen weltweit*

Spaß und Freiheit sind feste Bestandteile des Einhornlebens, und Einhörner sind nicht von Natur aus arbeitsam. Allerdings haben sie alle gern ihren geregelten Tageslauf.

Ein typischer Tag im Leben eines frei lebenden Einhorns sieht folgendermaßen aus:

TYPISCHER EINHORNTAG

UHRZEIT	TÄTIGKEIT
7:00	Ich erwache vom Kuss des Sonnenlichts auf meinem Gesicht.
7:15	Ich lausche den Liedern der Vögel auf der Wiese.
8:00	Ich bade im schimmernden Strom.
8:30	Ich spiele und tolle über die Wiese.
9:30	Ich knabbere das köstliche Gras.
11:00	Ich spiele und springe unter einem Wasserfall in der Nähe.
1:00	Ich mache ein Schläfchen an besagtem schimmernden Strom.
2:30	Ich kümmere mich um meine Körperpflege.
3:00	Ich nasche betörende Beeren.
4:30	Ich spiele und tolle in einer Stadt am Fuße eines Zauberbergs umher.
6:00	Ich esse köstliches Wurzelgemüse oder leckere Happen vom Tisch eines arglosen, verzauberten Kindes (sofern verfügbar).
7:30	Ich schmuse und schäkere mit meiner Hornbande.
9:00	Ich nehme einen Abendimbiss aus Ambrosia.
10:30	Ich lasse mich von den Strahlen des Monds zur guten Nacht küssen.
10:45	Ich schlafe auf einem weichen Bett aus Naturmaterial (sofern verfügbar).

Die Hörner bei diesem Leben zu beobachten ist nur von begrenztem Interesse, aber wenn man ihre Gewohnheiten kennt, wird man sie leichter finden, ihnen nachstellen und sie fangen können.

WEISHEIT EINES ALTEN EINHORNFARMERS

Wenn Sie nicht die Zeit und das Geld haben, ein ganzes Einhorn zu versorgen, sollten Sie ein Halbhorn erwägen. Diese »Einhorn leicht«-Option bietet ein in jeder Hinsicht vollwertiges Miniatur-Einhorn, das allerdings nur ein Drittel der Magie der größeren Variante produziert. Damit haben Sie geringere Unterhalts- und Betriebskosten und können sich trotzdem Ihre Träume erfüllen – oder wenigstens ein Drittel davon.

ZUR WARNUNG

CHRIS UND DIE TÜCKEN DER KONFORMITÄT

Als durch und durch impulsiver Mensch ging Chris Routinen aus dem Weg, wo immer er konnte. Er war der Vetter eines kinderlosen Einhornölmagnaten und erbte den ganzen Betrieb nach dem frühen Tod dieses Verwandten, der an Zahnschmerz, verursacht durch das Kauen von zu viel rotem Lakritz, verstorben war. Es überraschte den alten Farmer, der ihn einwies, überhaupt nicht, als die Einhörner sich weigerten, Chris als neuen Eigentümer anzuerkennen. Der Farmer erklärte ihm, er müsse eine Routine entwickeln, damit die Einhörner glücklich und gutmütig blieben. Chris speicherte diesen Rat im Papierkorb seines Hirns und blieb weiter bei seiner chaotischen Art. Es war Pech für Chris, dass die Einhörner wussten, dass ihr Engagement jederzeit kündbar war, und über Nacht waren sie auf und davon. Chris musste einsehen, dass er nicht zum Einhornfarmer geboren war, er kehrte zu seinem vorherigen Traum zurück und wurde ein chaotischer Rockstar.

MERKEN SIE SICH ALSO:

1. Das gesamte Einhorn ist magisch, aber *noch* magischer sind Hornhorn, Mähne, Hufe und Milz.
2. Zu allen Zeiten hat es Einhorn-Hochstapler gegeben. Nehmen Sie sich in Acht vor dem faulen Zauber eines magersüchtigen Nashorns!
3. Einhornbeziehungen sind kompliziert und unberechenbar, nicht viel anders als die der Menschen.
4. Einhörner mögen Routinen und einen festen Tageslauf. Machen Sie sich das zunutze.

IHRE EIGENEN NOTIZEN:

_____

_____

_____

_____

_____

_____

_____

_____

KAPITEL 6

AUSMASS UND GRENZEN DER EINHORNMAGIE

Beinahe so legendär wie die Geschöpfe selbst sind die Geschichten über ihre magischen Kräfte. Vom Plan, Atemfrische-Bonbons ganz aus Einhornspeichel herzustellen, bis hin zur U-Bootmannschaft auf der Suche nach dem verlorenen Atlantis, die sich allein auf ein Einhorn als Sauerstoffquelle verließ, sind schon manche im Umgang mit Einhörnern durch Fehlinformationen zu Schaden gekommen.

Die folgende Tabelle wird helfen, einige besonders weit verbreitete Mythen zu vertreiben, Ihnen vielleicht aber auch ein paar wertvolle Fakten vermitteln, die Ihnen bei Ihrem Einhorngeschäft von Nutzen sind! Oder zumindest verhindern, dass Sie das Leben von sieben Mann U-Bootbesatzung aufs Spiel setzen.

EINHORNMAGIE IM ALLTAGSLEBEN

Noch sehen Sie Einhörner vielleicht nicht als Teil des Alltags, aber ihre Zauberkräfte haben mancherlei praktischen Nutzen in Haushalt und Büro. Indem Sie sich mit diesen Funktionen vertraut machen, erhöhen Sie Ihre Produktivität. Synergie!

WAS EINHORNMAGIE IM PERSÖNLICHEN ALLTAGSLEBEN LEISTEN KANN UND WAS NICHT

WAS EINHORNMAGIE LEISTEN KANN	WAS EINHORNMAGIE NICHT LEISTEN KANN
Verlorene Liebe wiederfinden	Zudringlichkeit rechtfertigen
Hinter die undurchschaubare Aktenablage Ihres Exkollegen kommen	Hinter die undurchschaubaren Gedanken Ihrer Exfrau kommen
Jungfrauen erkennen	Bei Olivenöl den Unterschied zwischen *virgine* und *extra virgine* erkennen
Tausendfach nützlich sein ein Leben lang	Nützlich sein wenn tot
Schwächelnde Karrieren wiederbeleben	Zombies wiederbeleben
Unter Wasser atmen	Es mit einer Seekuh aufnehmen
Landkarten und Flaggen korrekt zusammenfalten	Aus einer Stoffserviette mehr als einen Schwan falten
Die Kochkünste Ihrer verrückten Tante aufbessern	Die Konversationskünste Ihrer verrückten Tante aufbessern
Regenbogen zum Erscheinen bringen	Ihre süße Nachbarin, die Sie immer im Waschsalon treffen, dazu bringen, dass sie mit Ihnen ausgeht
Einen kompletten Filmschnitt in Echtzeit herstellen	Kostenlos Aufführungsrechte für *Das Geheimnis der Morgenröte* verschaffen
Ins Stocken geratene Unterhaltungen wiederbeleben	Verhindern, dass wiederbelebte Unterhaltungen erneut stocken
All Ihre unbeantworteten Fragen in einem einzigen Satz beantworten	Vollwertigen Ersatz für einen Arztbesuch oder eine Rechtsberatung bieten

HÄTTEN SIE'S GEWUSST?

Einhörner kommunizieren miteinander durch eine Form der Telepathie, die ohne Interferenzen eine Reichweite von bis zu 2.000 Meilen (3.218,7 km) hat. Auf diese Weise kommunizieren sie auch mit Menschen, allerdings auf einem anderen Kanal, ähnlich wie bei einem Funkgerät. Menschen werden also in ihren Gedanken nicht den Ruf hören, sich in der Morgenröte zum Regenbogenrennen zu versammeln – es sei denn, das Einhorn hat vergessen, die Frequenz auf Nur-für-Einhörner umzustellen.

ZUR WARNUNG

SYLVIA SCHLAFFT AB

Sylvia hätte es besser wissen sollen, aber sie hörte auf die telepathischen Ratschläge ihres Einhorns statt auf ihren Hausarzt und entschied sich für Behandlung nach Einhornart. Zwei Wochen lang aß sie nichts als Zuckerwatte und Glitzersorbet, dann musste sie einsehen, dass ihr Gelenkrheumatismus davon nicht besser wurde, und wegen Schmerzen und Verdauungsstörungen die Farmarbeit erst einmal sein lassen.

EINHORNMAGIE UND IHRE TRÄUME, ZIELE UND FANTASIEN

Am Kreuzweg zwischen Fantasie und Realität steht das Einhorn, mit einem Huf in der Gegenwart und einem Huf im Reich der Möglichkeiten; die beiden anderen Hufe hat es, wo es ihm gerade gefällt. Warum das so ist? Weil es ein Einhorn ist und Einhörner sich praktisch alles erlauben können. So gut wie alles. Wie kann ein Einhorn Ihnen bei Ihren Hoffnungen und Zielen helfen? Lies weiter, goldener Träumer.

WAS EINHORNMAGIE FÜR IHRE TRÄUME, ZIELE UND FANTASIEN LEISTEN KANN UND WAS NICHT	
WAS EINHORNMAGIE LEISTEN KANN	**WAS EINHORNMAGIE NICHT LEISTEN KANN**
Das Raum-Zeit-Kontinuum beeinflussen	Aus einem Wurmloch ein Kaninchenloch machen
Neue Elemente schaffen	Unter Wasser aus Kohlendioxid Sauerstoff machen
Fliegen	Ihnen helfen, schneller als die anderen durch die Flughafenkontrolle zu kommen
Auf Sommerzeit umstellen	Jemanden davon überzeugen, dass Sommerzeit eine vernünftige Idee ist
Helfen, gute Vorsätze fürs neue Jahr zu fassen	Helfen, gute Vorsätze fürs neue Jahr umzusetzen, gerade wenn dabei ein Fitnessstudio um fünf Uhr morgens im Spiel ist
Teleportage	Reteleportage, damit Sie noch das Licht im Arbeitszimmer ausmachen können
Den Schlitten des Weihnachtsmanns schneller ziehen als jedes rotnasige Rentier	Garantieren, dass es den Schlitten des Weihnachtsmanns nicht in Warpgeschwindigkeit und/oder das Weltall zieht

WAS EINHORNMAGIE FÜR IHRE TRÄUME, ZIELE UND FANTASIEN LEISTEN KANN UND WAS NICHT

WAS EINHORNMAGIE LEISTEN KANN	WAS EINHORNMAGIE NICHT LEISTEN KANN
Aus Heu Platin spinnen	Aus Heu Plutonium spinnen
Auffassungsgabe und Gedächtnisleistung am Vorabend der Prüfung stärken	Hausaufgaben essen
Es Törtchen regnen lassen	Evakuierungsmaßnahmen im Falle einer Törtchensturzflut ergreifen
Die Geschichte neu schreiben	Dafür sorgen, dass Malzkaffee gut schmeckt

 ZUR ERMUNTERUNG

CYRUS UND DAS GEHEIMNIS DER PÜNKTLICHKEIT

Sein Leben lang war Cyrus zu spät gekommen. Als er seine erste Einhornherde kaufte, hatten die Hörner zunächst Verständnis für seine Schrullen, aber nach einer Weile ging es ihnen doch auf die Nerven, dass er wirklich bei allem eine Viertelstunde zu spät kam. »Ich habe gelitten«, erinnert er sich. »Ich habe meine Uhren 20 Minuten zurückgestellt, aber das half auch nichts. Ich wusste, dass sie das nicht mehr lange mitmachen würden, routineverliebt, wie sie sind.« Aber zu Cyrus' Überraschung hatten die Einhörner Mitleid mit ihm und setzten ihren Einfluss auf das Zeitgefüge für ihn ein. Plötzlich kam Cyrus pünktlich – ja zu früh – zu jedem Termin. »Von dieser Großzügigkeit hatten wir alle unseren Nutzen. Ich mag dem Namen nach Sachen für sie organisieren, aber in Wirklichkeit organisieren *sie* Sachen für *mich*.« Derzeit verhandelt Cyrus mit seinen Hörnern über die Möglichkeit, dieses Zeitmanagement gegen Geld Collegestudenten und Kabelinstallateuren zur Verfügung zu stellen.

EINHORNMAGIE IN DER MEDIZIN

Seit Urzeiten hat man zum Hornhorn gegriffen, wenn in der Heilkunst sonst nichts mehr half. »Wenn nichts mehr geht, geht immer noch ein Horn« ist das Motto des Weltmedizinalrats, jenes Geheimbundes, dem zu allen Zeiten die Vertreter des heilenden Gewerbes angehörten. Wenn Sie sich fragen, ob bei Ihren Beschwerden eine Einhornbehandlung helfen könnte, sehen Sie sich die folgende Übersicht an.

WAS EINHORNMAGIE FÜR IHRE TRÄUME, ZIELE UND FANTASIEN LEISTEN KANN UND WAS NICHT	
WAS EINHORNMAGIE LEISTEN KANN	**WAS EINHORNMAGIE NICHT LEISTEN KANN**
Regeneration eigener Gliedmaßen und von zwei Dritteln des Hornhorns	Klonen
Gewöhnliche Erkältung kurieren	Ungewöhnliche Erkältungen kurieren
Körperliche Wunden heilen	Psychosomatische Symptome heilen
Gift austreiben und neutralisieren	Verhindern, dass Sie sich Ihren Sohn/ Ihre Tochter in der Collegeaufführung von *Arsen und Spitzenhäubchen* ansehen müssen
Laktoseintoleranz und Lebensmittelallergien zum Verschwinden bringen	Klebebandrückstände auf der Brücke Ihrer Brille zum Verschwinden bringen
Kartoffelfäule rückbilden	Fettersatzstoffe rückbilden
Wasser reinigen, egal aus welcher Quelle	Verhindern, dass einem defekte Trinkbrunnen Wasser ins Gesicht spritzen
Durch Umarmungen Cholera verhindern	Durch Nasenstüber Pocken zum Verschwinden bringen
Mit Speichel gegen Salmonellen immun machen	Mundgeruch vertreiben
Verbandszeug aus Baumrinde herstellen	Verhindern, dass von dem Verbandszeug Splitter stecken bleiben
Sommersprossen in Wünsche verwandeln	Sommersprossen in Beliebtheit verwandeln

MERKEN SIE SICH ALSO:

1. Informieren Sie sich besser, was ein Einhorn mit seiner Magie tun kann und was nicht, bevor Sie ein Risiko eingehen. Das kann Ihnen das Leben retten, und/oder Sie wahren das Gesicht.
2. Einhornmagie kann zu großen Dingen eingesetzt werden, etwa zur Zeitreise, aber auch für kleine Dinge, zum Beispiel bei der Aktenablage.
3. Wenn ein Einhorn etwas nicht kann, bestehen Sie nicht darauf, nur weil Sie denken, ein Einhorn müsste alles können.

IHRE EIGENEN NOTIZEN:

_____

_____

_____

_____

_____

_____

_____

_____

KAPITEL 7

GEFAHREN FÜR IHRE EINHÖRNER

»Einhornzucht ist nicht immer nur Glitzer.«

FARMER MCSIMMONS

Oft hat man diese Worte vernommen, seit Farmer McSimmons sie vor 250 Jahren auf dem Großen Kongress der Einhornforscher erstmals sprach.

Ganz abgesehen von hohen Unterhaltskosten birgt das Leben für Einhörner viele Risiken. Zwar sind sie keine Tölpel, aber eben auch nicht die Ballerinas unter den Vierbeinern, als die sie in Porzellanfigurinen oder Ausmalbüchern gern dargestellt werden, und folglich halten sie die Menschen, die für sie sorgen, rund um die Uhr auf Trab.

Indem Sie ein Eigentümer- bzw. Magienutzungsrechts-Verhältnis eingehen, übernehmen Sie (vorausgesetzt, Sie sind wirklich der Eigentümer) die Verantwortung für diese bewegliche Habe. Anders ausgedrückt, Sie müssen auf sie aufpassen. Im folgenden Kapitel zeigen wir die häufigsten Gefahren auf und machen Sie mit proaktiven wie reaktiven Strategien bekannt.

WEISHEIT EINES ALTEN EINHORNFARMERS

*Proaktive Strategien sind in jedem Falle vorzuziehen,
da sie die Produktivität stabil und den Blutdruck niedrig halten;
reaktive hingegen sorgen für mehr Drama, über das Sie wiederum
einen autobiografischen Bestseller schreiben könnten.
Diese beiden Möglichkeiten sollten Sie gegeneinander abwägen,
bevor Sie sich für eine entscheiden.*

HÄUFIGE GEFAHREN UND DIE RICHTIGE REAKTION DARAUF

*Eins, zwei, drei, Einhornbrei
Aus einem Horn, das war dabei
Es hing in den Ranken
Und hatt' keinen Gedanken
An all seine Einhornzauberei.*

Dieser alte Kindervers führt uns vor Augen, wie leicht sich Einhörner in Gefahr bringen. So groß ihre Begabung ist, so kurz ist ihr Gedächtnis; ihr Bewusstsein ist oft von einer leichteren Form von ADHS getrübt – bei Stuten und Hengsten gleichermaßen.

Einhörner sind leichtgläubig, und ein guter Einhornfarmer behält ihren Umgang immer im Auge, besonders mit Fremden und verdächtigen Subjekten. Schon manches Einhorn hat sich verlocken lassen und fand sich plötzlich im Laderaum eines Lastwagens wieder, auf der Fahrt zu einem Leben als Statist im Zirkus eines armseligen Nests am Ende der Welt (ABB. 7.a.).

Ihre Leichtgläubigkeit macht sie auch zu beliebten Opfern von Schneeballsystemen. Solche Systeme breiten sich aus wie

ABBILDUNG 7.a. *Ein zwielichtiger Fremder lockt ein Einhorn mit einem Leckerbissen zum bereitstehenden Lastwagen.*

Bindehautentzündung in einer schlecht geführten Kindertagesstätte, und binnen Kurzem versucht jedes Ihrer Hörner dem anderen etwas zu verkaufen.

Doch nicht alle Gefahren haben mit Leichtgläubigkeit zu tun. Neben der Gefährdung durch die natürlichen Feinde des Einhorns, auf die wir im 9. Kapitel zu sprechen kommen, sind Hörner auch für bestimmte Erkrankungen anfällig, vor allem Nasenscheidewandverkrümmung, Schwindel und Säurereflux.

Die ersten beiden gehen selten über kleine Befindlichkeitsstörungen hinaus, es sei denn, Sie schlafen im selben Stall wie ein benommenes, schnarchendes Einhorn.

Letzteres hat allerdings schon zu schweren Sachbeschädigungen durch aggressives Einhornerbrochenes geführt. Wenn Sie also den Verdacht hegen, dass eines Ihrer Hörner an Säurereflux leidet, nehmen Sie ihm Kaffeebecher und Chilischüssel weg und gehen Sie mit ihm zum Tierarzt.

DIE RICHTIGE VERSORGUNG KRANKER EINHÖRNER

Manche Rassen sind widerstandsfähiger als andere. Bei Zornhörnern zum Beispiel reicht eine Grippeimpfung alle fünf Jahre, was sie nicht nur vor Grippe, sondern sogar vor Krebs schützt. In Reinhörner hingegen können Sie so viele Impfspritzen stecken wie Nadeln in ein Nadelkissen, und trotzdem machen sie jede Infektionskrankheit dreimal durch.

Aber nur sehr selten wird ein Einhorn sterbenskrank, ja, Hörner denken überhaupt nicht an den Tod, und ein Farmer kann sich darauf beschränken, sie gesund zu pflegen. Da ein Einhornkörper über ausgeprägte Selbstheilungskräfte verfügt, wird dies selten länger als drei Tage in Anspruch nehmen.

Gleich zu Anfang sollte gesagt werden, dass Einhörner, wenn sie erst einmal die freie Wildbahn verlassen haben, keine duldsamen Kranken sind (Abb. 7.b.). Sie zelebrieren die Krankheit und tun so, als könnten sie nicht selbst für sich sorgen. Sie können sie darauf ansprechen, doch da es sie in Verlegenheit bringt, leugnen sie es strikt; Sie verlieren damit ihr Zutrauen für so lan-

ABBILDUNG 7.b. *Ein Einhorn zelebriert seine Erkrankung.*

ge Zeit, dass sich Widerspruch nicht lohnt. Am besten beraten Sie sich mit dem zuständigen Arzt, ob sich eine kontrollierte Gabe Morphium empfiehlt – für das Einhorn, nicht für Sie.

Wenn es sich um eine länger anhaltende Krankheit handelt, etwa um Akne oder eine bipolare Persönlichkeitsstörung, wird das Einhorn nach etwa einer Woche ruhiger werden, denn irgendwann hat es auch selbst genug davon, dauernd Aufmerksamkeit zu heischen. Bei psychischen Krankheiten sind Erfolge von Einhornflüsterern bekannt.

Genau wie die Flüsterer für Pferde, Hunde und Gespenster spricht auch der Einhornflüsterer mit dem Horn in seiner eigenen Sprache. Manche Einhörner sprechen auf diese Behandlung gut an, andere rümpfen über Akzent und Aussprachefehler eines Sprechers, dessen Muttersprache nicht Einhörnisch ist, die Nase. Wenn Ihre Hörner zum Snobismus neigen, können Sie sich den Versuch getrost sparen.

⟶ ZUR WARNUNG ⟵

PEGGY UND DER FALSCHE FLÜSTERER

Als sie immer mehr Verhaltensauffälligkeiten bei ihren Hörnern bemerkte, beschloss Peggy, es mit einem Einhornflüsterer zu versuchen. In ihrer Verzweiflung nahm sie den Erstbesten, den sie im Internet fand, und ließ sich keinerlei Qualifikationen zeigen. Der Flüsterer kam zwei Stunden zu spät und gestand dann, dass dies sein erster Flüsterauftrag sei. Peggy sah keinen Ausweg und gestattete ihm, Erfahrungen an ihren Hörnern zu sammeln. Binnen zwanzig Minuten lagen sämtliche Einhörner miteinander im Streit, verursacht durch einen Flüsterfehler. Peggy blieb nichts anderes übrig, als beim Umweltamt Einhorntollwut zu melden. Sie beschloss, nie wieder etwas in verzweifeltem Zustand zu entscheiden. Bis sie ihren nächsten Boyfriend kennenlernte.

Die einfachste und preiswerteste Möglichkeit in einem guten Stall ist es, die Einhörner für sich selbst sorgen zu lassen. Wenn ein Tier krank ist, kommt die Hornbande es besuchen, und alle berühren sich an den Hörnern. Dazu noch das Lachen eines Babys, und das Einhorn ist wieder so gut wie neu.

WEISHEIT EINES ALTEN EINHORNFARMERS

Das Berühren bei den Hörnern scheint der einfachste Weg zur Heilung, aber es funktioniert nur, wenn alle Mitglieder der Hornbande wollen, dass das kranke Einhorn wieder gesund wird. In stolzen Cliquen gibt es etwas, das dem vergleichbar ist, was man unter Menschen »Ganovenehre« nennt. Wenn eins ihrer Mithörner krank ist, liegt allen daran, das Ansehen der Gruppe zu wahren, und deshalb werden sie alles tun, um wieder für einen stabilen Zustand zu sorgen. Das können Sie gezielt einsetzen und sich damit das Geld für teures Morphium sparen.

VERHINDERN SIE EINEN EINHORN-AUFSTAND

Von den Temperamentsausbrüchen des Zornhorns abgesehen sind Einhörner im Allgemeinen für ihre heiter-diplomatische Art bekannt. Deshalb mag es für Sie als angehenden Einhornfarmer überraschend kommen, in der Überschrift dieses Abschnitts von einem »Einhorn-Aufstand« zu lesen.

Aber solche Aufstände gibt es, und Sie sollten darauf vorbereitet und ausgerüstet sein. Einem aufständischen Einhorn begegnen Sie mit den folgenden Schritten, die als BLAU-Methode bekannt sind:

1. Stellen Sie **B**lickkontakt mit dem Einhorn her.
2. Nähern Sie sich ihm **l**angsam, aber in gerader Linie.
3. Strecken Sie Ihre **A**rme aus.
4. **U**marmen Sie das Einhorn.

Wenn sämtliche Einhörner umarmt worden sind, ist der Aufstand zu Ende.

HORNKUNDE

Wenn ein Einhorn auf Sie zugestürmt kommt, halten Sie es mit den Armen auf.

Einhorn-Aufstände sind insgesamt recht selten, denn jeder auch nur halbwegs tüchtige Einhornfarmer weiß sie zu verhindern. Am besten ersticken Sie einen Aufstand schon im Keim, indem Sie die Bildung einer Gewerkschaft auf Ihrer Farm verhindern (ABB. 7.c.).

In ihren Anfangstagen dienten Gewerkschaften dazu, die Arbeiter zu schützen und ihre Arbeitsbedingungen zu verbessern. In den Hufen heutiger Einhörner wird jedoch die Gewerkschaftsbewegung zur anarchistischen Revolte mit unerhörten Forderungen und beträchtlichen Schäden.

ABBILDUNG 7.c. *Ein streikendes Einhorn*

Gewerkschaftsbildung und Aufstand entwickeln sich in vier Schritten (ABB. 7.d.).

Es wird nicht überraschen, dass wir empfehlen, Zusammenrottungen zu verhindern, bevor sie überhaupt entstehen. Erzählen Sie Ihren Hörnern, wie großartig Ihre Farm ist, sodass ihr geringes Aufnahmevermögen sie daran hindert, es überhaupt zu bemerken, wenn etwas nicht stimmt. Verkünden Sie lauthals gute Absichten und verteilen Sie Informationsblätter, in denen Sie die Einhörner auf jüngste Verbesserungen aufmerksam machen.

HÄTTEN SIE'S GEWUSST?

Ein vierteljährlicher Rundbrief genügt, um Aufstände zu vermeiden. Die Einhörner wollen nur wissen, dass Sie sich um sie kümmern.

Wenn erst einmal die Organisations- oder Gewerkschaftsphase erreicht ist, sollten Sie den Einhörnern nicht sagen, dass sie wieder zurück an ihre Arbeit gehen sollen. Hören Sie zu, wenn sie etwas vorzubringen haben, machen Sie sich ein paar Notizen, ändern Sie ein paar Kleinigkeiten, dann sind alle wieder zufrieden. So einfach ist das. Ihre Farm und die Leute in der nächsten Stadt werden es Ihnen danken.

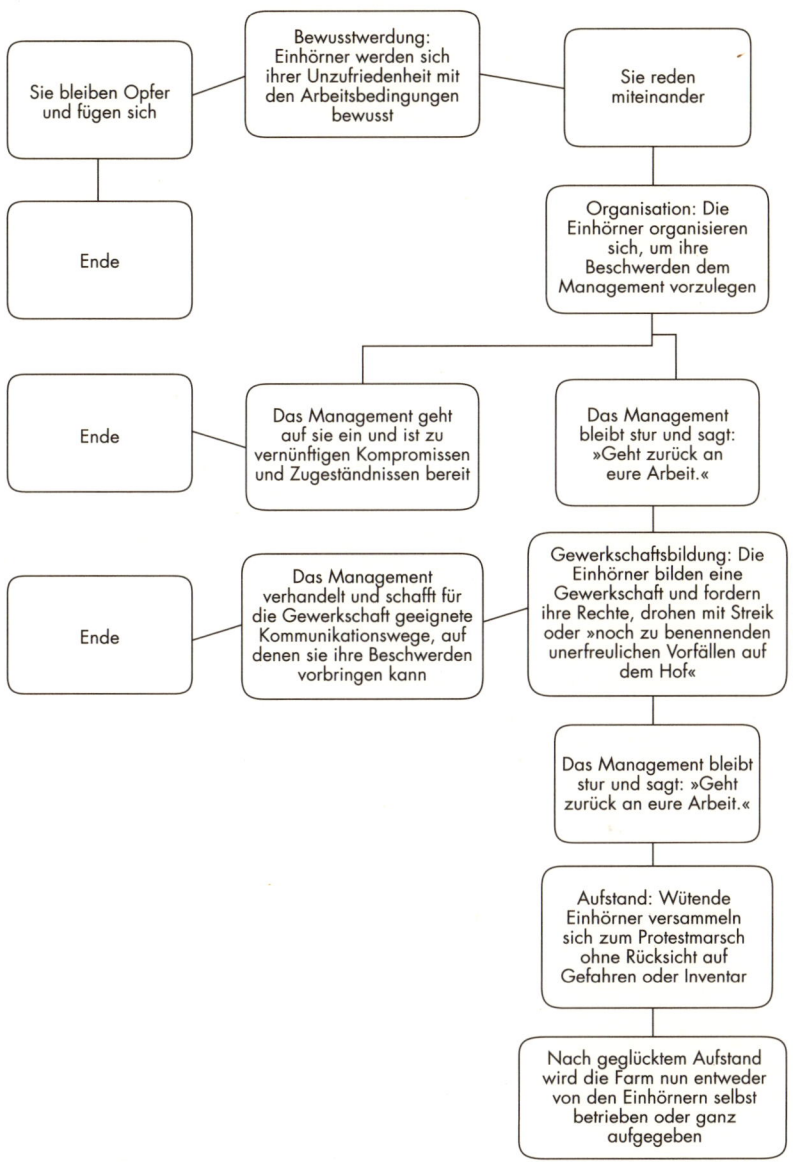

ABBILDUNG 7.d. *Flussdiagramm: Von der Gewerkschaftsbildung zum Aufstand*

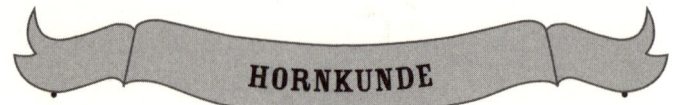

HORNKUNDE

Zurückhaltung bringt nicht immer Geld ein, aber sie spart Ihnen Geld, und damit bringt sie Ihnen am Ende doch Geld ein.

ZUR ERMUNTERUNG

MAI-LING UND DIE EINHORNGEWERKSCHAFT

Man kann sich vorstellen, dass Mai-Ling als einzige Frau unter den Einhornfarmern, die Hengste für Einhornrodeos bereitstellen, nicht gerade zart besaitet war. Doch als die Einhörner die Einrichtung einer Gewerkschaft als Reaktion auf ihren Einsatz im Hochrisikobereich diskutierten, wusste sie nicht mehr weiter. »Bei diesen Rodeos habe ich es oft mit echten Arschlöchern zu tun, aber ich hätte nie gedacht, dass es die *Einhörner* sein würden, die mir Schwierigkeiten machen.« Sie beschloss sich anzuhören, was die Hörner zu sagen hatten, und wollte mit ihnen zusammen eine Möglichkeit finden, wie sie diese Arbeit besser für sich einrichten konnten. »Es stellte sich heraus, dass es hauptsächlich die Clowns waren, die sie störten. Wir haben dann die Clowns durch ein trampolinspringendes Basketballteam ersetzt, und die Zuschauer haben den Unterschied überhaupt nicht bemerkt. Außerdem sahen die Einhörner recht schnell ein, dass ihnen das mit der Gewerkschaft zu viel Arbeit war.« So stellte Mai-Ling also fest, dass Zuhören sich auszahlt, und zwar in Gestalt der Dollars, die sie sonst in Aufstandsbewältigung hätte stecken müssen.

MERKEN SIE SICH ALSO:

1. Einhörner sind unkonzentriert, leichtgläubig und bezaubernd.
2. Kranke Einhörner werden Ihnen Sorgen machen, aber wenn Sie Geduld haben, heilen sie sich bald selbst und nehmen es Ihnen nicht übel.
3. In Einzelfällen ist es schon zu Einhorn-Aufständen gekommen. Bereiten Sie sich darauf vor und üben Sie die BLAU-Methode: Blickkontakt, langsam nähern, Arme ausstrecken, umarmen.
4. Einhorn-Gewerkschaften lassen sich unterdrücken, noch bevor sie entstehen, nämlich durch aufmerksames Zuhören und geschicktes Verhandeln.

IHRE EIGENEN NOTIZEN:

_____

_____

_____

_____

_____

_____

_____

SCHLUSSBEMERKUNG
ᖶ ZUM ZWEITEN TEIL ᖳ

Dieser Teil des Buches hat Ihnen ein paar Einblicke in das echte Einhornleben gegeben, damit Sie als Käufer von Einhornprodukten ebenso wie als Eigentümer eines Einhornbetriebs informiert und verantwortungsvoll handeln können. Jeder kann diese Tiere aus der Ferne bestaunen, aber nur einem echten Einhornfarmer, der instinktiv weiß, wie er sie hegt und wie er ihre Magie nutzbringend anwenden kann, und der geschickt genug ist, sie zu überlisten, wird es gelingen, aus ihren Launen Geld zu machen.

Vergessen Sie nicht: Hinter jedem Einhorn, das selbstbewusst, ausgeglichen und unbekümmert als kapriziös-magisches Wesen auftritt, steht ein erschöpfter Einhornfarmer, in dessen Innerem der Kampf zwischen Stolz und Neid tobt.

HORNKUNDE

Wer stolz auf seine Hörner ist, wird mit seinen Hörnern reich.

DRITTER TEIL

DIE PRAXIS

KAPITEL 8

MÖGLICHKEITEN, EIN EINHORN ZU ERWERBEN

So sehr wir uns auch wünschen mögen, Pinocchio und sein Freund die Grille hätten recht, genügt es doch nicht, darauf zu vertrauen, dass ein Himmelskörper ein Einhorn erscheinen lässt.

Jedenfalls in den meisten Fällen nicht.

Es sind wohl paar Fälle dokumentiert, in denen als Antwort auf einen unausgesprochenen Herzenswunsch ein Einhorn aus dem Nichts erschien, aber solche Geschichten enden immer mit einer Moral à la »Überlege dir gut, was du dir wünschst«.

Dieses Kapitel macht Sie mit verlässlicheren Methoden vertraut, wie Sie die richtigen Einhörner anlocken, fangen und festhalten können.

WIE SIE ZU TIEREN FÜR IHREN HOF KOMMEN

Man erzählt von einem alten Einhornfarmer, zu dem ein junger, dreister, grünschnabliger Farmer-Aspirant kam.

»Ich brauche Ihr Wissen«, sagte der junge Mann rundheraus zu seinem runzligen Gegenüber. »Ich bin gerade aus der Stadt hierher gezogen, um meinen eigenen Laden aufzumachen, und ich höre, Sie sind der beste Mann in dem Geschäft. Wie haben Sie Ihre eigene Farm zum Laufen gebracht?«

Der Farmer blickte den jungen Mann an und kaute weiter träge an seiner roten Lakritzschnecke. Dann wandte er den Blick von dem Besucher ab und blickte minutenlang hinüber zu seiner eigenen Farm. Der junge Mann wurde ungeduldig, und schließlich rief er: »Wie kann ich Einhörner dazu bringen, dass sie auf meinen Hof kommen?«

Der Farmer drehte sich wieder zu ihm um und sah ihm fest ins Gesicht. »Mit der richtigen Einstellung.«

Das ist ein Gesetz des Einhornfarmens: Man braucht die richtige Einstellung. Ob Sie ein wohlwollender Förderer sind oder ob Sie eine Einhornarmee heranziehen, mit der Sie Ihre Feinde überrennen wollen, die Einhörner merken das. Sie spüren die Stimmungen, und sie spüren jede Unstimmigkeit. Entsprechend verhalten sie sich. Und sie geben, was sie spüren, an andere weiter.

Überhaupt, wenn es um das geht, was sie über andere sagen, sind Einhörner taktlose Geschöpfe, ganz in der Art eines Kindes, das noch nicht gelernt hat, dass man Daddys Kommentare über den Boss nicht ausplaudert, wenn der gerade zu Besuch ist. Anders als ein Kind lernt ein Einhorn es allerdings nie.

Aber kehren wir zurück zur Frage des jungen Farmers, die ja – das muss man sagen – der alte Farmer nicht so recht beantwortet hat. Die Hauptmethoden, zu Einhörnern zu kommen, sind die folgenden:

- Fang in freier Wildbahn
- Erwerb von einer anderen Farm, aus Zoobeständen oder von einem privaten Züchter
- Als Erbmasse aus dem Besitz eines exzentrischen Mythologen

Von diesen Methoden sind das Fangen und der Erwerb von Farm, Zoo oder Züchter die bevorzugten. Welche am besten für Sie geeignet ist, richtet sich danach, was Sie mit Ihrer Farm anfangen wollen, und danach, wie bequem Sie es gern haben.

Sie können eine Einhornfarm mit einem einzelnen Tier aufmachen, aber die Mehrzahl der Fachliteratur empfiehlt, dass es mindestens zwei Hörner sein sollten. Dies gilt allerdings nicht, wenn Sie mit einer Ein-Horn-Nummer auf Jahrmärkten auftreten wollen.

EINHÖRNER AUS FREIER WILDBAHN

Manchmal sind sie nicht leicht zu bändigen, aber ansonsten spricht vieles dafür, dass Sie Ihre Einhörner selbst jagen und fangen. Der naheliegendste Vorteil ist natürlich, dass Sie das Einhorn in seiner natürlichen Umgebung kennenlernen. Dazu gehören die Nahrungs-, Ruhe- und Stuhlgangsgewohnheiten, durch die das Einhorn erst zu jenem faszinierenden Geschöpf wird, das es ist.

Zum zweiten wissen Einhörner es zu schätzen, wenn man sie rettet. Im Herbst und Winter ist El Chupacabra besonders aktiv, einer der tödlichsten Feinde des Einhorns, und Sie sollten es so einrichten, dass Sie genau im richtigen Augenblick zuschlagen und Ihr Einhorn retten. Das Horn wird von da an seinem Erretter (d.h. Ihnen) treu ergeben sein und ihm überallhin folgen.

Das ist etwas ganz anderes als ein verzogenes Haushorn.

Zum dritten bereichern wilde Einhörner den Genpool Ihrer Zucht. Inzest wird unter Einhornzüchtern nicht gern gesehen, und entsprechend gefragt sind wilde Hörner. Das bringt Ihnen manch hübsche Gelegenheit zu einem Nebenverdienst ein, wenn die Paarungszeit kommt. (Vergessen Sie nicht, das in Ihren Businessplan aufzunehmen.)

Wenn Sie kein Einhorn retten können, müssen Sie eines fangen. Allgemein gesprochen geht man dabei folgendermaßen vor:

1. Beim Einhornfang brauchen Sie Frauen im Team, wie schon im 2. Kapitel ausgeführt.
2. Tragen Sie Mundschutz und Schutzbrille, für den Fall, dass das Einhorn nervös wird und seine Mähne schüttelt, um sich mit einer Staubattacke zu schützen.
3. Halten Sie einen Sattelschlepper bereit, der bis zu 3.000 Pfund pro Einhorn ziehen kann (ABB. 8.a.). Der Auflieger sollte mindestens sechs Meter hoch sein, um auch die größeren Rassen beherbergen zu können, und mit Deckenlöchern für das Hornhorn versehen oder am besten ganz ohne Decke sein.

WEISHEIT EINES ALTEN EINHORNFARMERS

Wenn Ihre Hornburschen und -mägde vorher mit Pferden gearbeitet haben, gewöhnen Sie ihnen ab, die Höhe in Handbreit zu messen. Niemand misst die Höhe eines Einhorns in Handbreit. Wenn Sie das tun, machen Sie sich zum Gespött der gesamten Einhornfarmerschaft. Man misst in Fuß oder Metern. Wenn das für Ihre Leute zu schwierig ist, meiden Sie Größenangaben am besten ganz.

Die sanfteste und stets erfolgreiche Methode im Einhornfang ist der Einsatz einer Jungfrau. Wenn Sie keine hofeigene haben, die J.a.A. nicht verfügbar ist und sich keine Ihrer Angestellten freiwillig meldet, ist die nächstbeste Methode die Verwendung von Elefanten-Tranquilizer. Zur Sedierung verwenden Sie ein entsprechendes Gewehr.

Behalten Sie im Kopf, dass Sie sich einem Einhorn niemals mit einer Spritze nähern sollten, es sei denn, es ist bewusstlos.

ABBILDUNG 8.a. *Sattelschlepper mit Einhornwagen*

Nehmen Sie ein Betäubungsgewehr. Halten Sie Abstand. Frei lebende Einhörner reagieren auf Nadelstiche genauso wie ein fünfjähriges Kind, und ihre Muskeln sind von den ewigen Sprints auf der Flucht vor El Chupacabra gut trainiert.

Ist ein Einhorn erst einmal von einer Frau gefangen, besteht keine Gefahr mehr, dass es seine Magie durch einen Mann verliert. Wenn das Einhorn erst im Sattelschlepperwagen steckt, können Sie männliche Jungfrauen einsetzen. Allerdings wird es dazu vielleicht nie kommen, denn männliche Jungfrauen verlangen oft weitaus mehr Lohn als weibliche, und die Fluktuation ist groß.

Wenn Sie das Einhorn ausladen und in seinen Stall führen, sollten Sie ihm die Augen verbinden (Abb. 8.b.) – nehmen Sie keine Scheuklappen. Einhörner haben zwar keinen Röntgenblick in direkter Linie, aber einen peripheren Durchblick. Verbinden Sie ihm die Augen, damit Sie es führen können. Im Wagen sollten Sie bunte Kugeln und anderen Glitzerkram haben, der das Einhorn ablenkt, dann können Sie ihm die Binde umlegen; ist das Horn gut im Stall angekommen, nehmen Sie die Binde wieder ab.

Damit dem Horn der Übergang von der Freiheit zur Gefangenschaft leichter fällt, sollten Sie das Ökosystem, aus dem Sie das Tier fortgeholt haben, so gut es geht nachbilden (ABB. 8.c.). Ein typisches Einhorn-Ökosystem besteht aus:

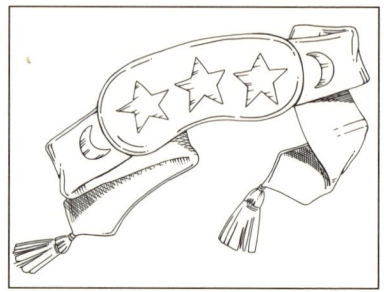

ABBILDUNG 8.b. *Eine typische Binde, um einem Einhorn die Augen zu verbinden*

- endlos blauem Himmel mit Wattewölkchen
- einem doppelten Regenbogen, aus dem es Edelsteine regnet
- smaragdgrünem Gras, weich wie Babyhaar
- einem saphirblauen Teich, klar wie Los Angeles an einem Tag ohne Smog
- Zentauren, Cherubinen und Seepferdchen als Spielgefährten
- Moose und Blätter als Mahlzeit (dazu rohes Fleisch, falls Sie Zornhörner haben, und Stoffknäuel für Zottelhörner)
- einer offenen Wiese mit blühenden Blumen für den Auslauf
- Bäumen, an deren Rinde sie sich die Nase reiben und das Horn wetzen können
- feinkörnigem Sand, in dem sie ihre Exkremente vergraben können
- einer Pappfigur von El Chupacabra (wird gebraucht, wenn das Einhorn nicht brav war und einen ordentlichen Schrecken eingejagt bekommen soll)

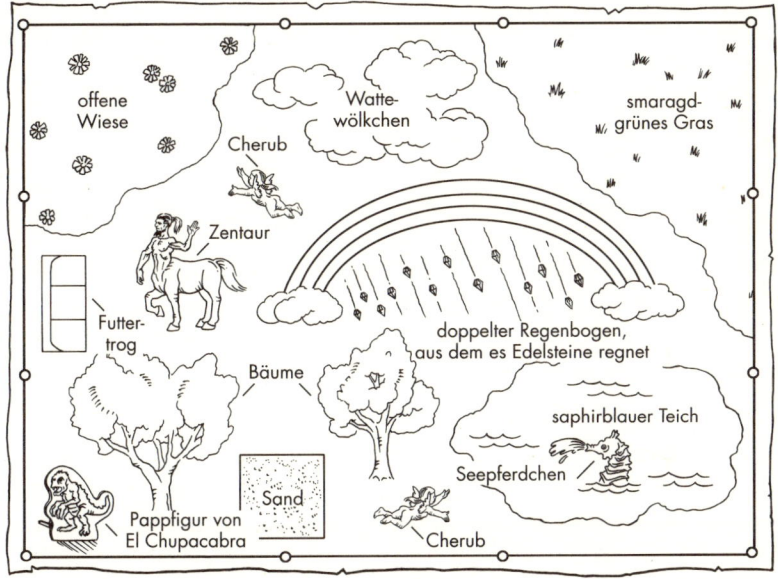

ABBILDUNG 8.c. *Das typische Einhorn-Ökosystem*

Ihre wilden Hörner werden eine beträchtliche Lebhaftigkeit zeigen – der große Vorteil, wenn man sie nicht aus domestiziertem Bestand bezieht. Mit Kraft und Ehrgeiz werden sie energisch ihre Aufgaben auf dem Hof angehen, und sie liefern eine lebhafte Bühnenshow.

Anfangs wird aber ein Horn, das sich erst an die neue Umgebung gewöhnen muss, eine gewisse Aggressivität und Orientierungslosigkeit an den Tag legen. Lassen Sie den Tieren Freiraum und haben Sie keine Hemmungen, mit leichten Disziplinierungsmaßnahmen Grenzen zu setzen. Damit Sie sich nicht den Zorn von Tierrechtlern und Fantasy-Fans zuziehen, sollte Ihnen der Unterschied zwischen Disziplinierung und Bestrafung klar sein.

DISZIPLINIERUNG KONTRA BESTRAFUNG	
DISZIPLINIEREN	**BESTRAFEN**
Wegen schlechten Benehmens zehn Minuten in der Ecke stehen	Wegen schlechten Benehmens zehn Minuten den Kopf unter Wasser gedrückt bekommen
Ein kurzer, doch deutlicher Klaps auf die Nase, um die Aufmerksamkeit des Horns zu bekommen	Ein Hieb auf die Nase, »weil es das verdient hat«
Es selbst wählen lassen: entweder keine Ambrosia zum Nachtisch oder kein Spiel im künstlichen Zauberwald	Kein Nachtisch und kein Spiel für den Rest seines Lebens und dazu immer wieder der Hinweis, dass dieses Horn »eine Enttäuschung« war

EINHÖRNER VON ANDEREN FARMEN, AUS ZOOS ODER VON ZÜCHTERN

Domestizierung lässt die Sinne abstumpfen. Wildhörner, die jetzt in Gefangenschaft leben, wissen das nur zu gut (ABB. 8.d.). Die beste Wahl sind Hörner der zweiten Generation. Sie sind weniger unglücklich und trauern nicht ständig der »guten alten Zeit« nach.

ABBILDUNG 8.d. *Ein wild geborenes Einhorn, das in seinem jetzigen Lebensraum nicht glücklich ist*

Viele Farmer ziehen domestizierte Hörner vor, weil sie nicht die Ressourcen oder die Geduld haben, ein wildes Horn selbst zu zähmen. Außerdem sind dies die Hörner, die sich am besten für Streichelzoos eignen, bzw. überhaupt für alle Aktivitäten, für die eine geschwächte Willenskraft von Vorteil ist.

 ## *ZUR ERMUNTERUNG*

EMMET UND DER ERFOLG DER KRISE

»Anfangs wollte ich einen echten Zoo, bei dem die Tiere aus der Wildnis kommen und noch ordentlich Feuer haben.« Mit diesem Satz beginnt Emmet jedes Mal seine Führung, wenn er Besuchern seinen Multimilliarden-Dollar-Einhorn-, Pegaus-, Greifen-, Chimären-, Lindwurm- und Jabberwockystreichelzoo zeigt. Was die Jagd und Gefangennahme von Einhörnern anbetraf, verfügte Emmet weder über die List noch die Geduld, wilden Hörnern nachzustellen. Er nahm diese Einschränkung hin und erwarb stattdessen domestizierte Tiere. Dies fiel in die Zeit der Glaubenskrise, als mythologische Tiere kaum noch abzusetzen waren und viele Verkäufer Emmet extreme Nachlässe auf ihre Fabelwesen einräumten. Er lächelt, wenn er daran zurückdenkt. »Scheint, dass aus mancher Krise doch noch ein Riesenerfolg wird!«

Wichtig bei den Verhandlungen mit Ihrem Einhornlieferanten ist, dass Sie auf ein Minimum an Risiken bei einem Maximum an Potenzial achten. Kein noch so geringer Preis zahlt sich aus, wenn Sie dafür mit größeren Verhaltensauffälligkeiten und Arztrechnungen leben müssen.

Worauf sollten Sie achten, wenn Sie sich einen möglichen Kandidaten für Ihren Hof ansehen?

EINHORN-BEURTEILUNG NACH DER ÄUSSEREN ERSCHEINUNG		
MERKMAL	**GESUND**	**KRÄNKLICH**
Augen	Stets aufmerksam; klares Weiß; Irisfarbe rassengemäß (siehe Übersicht in Kapitel 2)	Reaktion verzögert; Augenweiß blutunterlaufen oder gelblich; rote Iris (außer beim Zornhorn, dessen Iris in krankem Zustand farblos ist); verkrustete Lider
Fell	Schimmernd; glatt; glänzend; sendet Sonnen- und Hoffnungsstrahlen aus	Fehlt
Hufe	Wie Pferdehufe; kräftig; verbreitet mit jedem Schritt Lavendelduft	Verklebt; gesplittert; Schwefelgeruch
Horn	Form rassengemäß; stabil	Schuppig; weich
Haltung (ABB. 8.e.)	Aufrecht; ausgeglichen; selbstbewusst	Bringt den Kopf nicht über Schulterhöhe; Hintern hängt; asymmetrisch
Gang	Gemessen; gleichmäßig; elegant	Schwerfällig; belastet nicht alle Beine
Gesamterscheinung	Angenehm; hält sich an seine Routinen; wach; freundlich gegenüber unschuldigen Kindern, deren Herzen voller Staunen sind	Dauerhaft gereizt; lethargisch; orientierungslos; Störung der Tagesrhythmen; greift jeden Menschen unter einszwanzig an

Wenn Sie das Einhorn inspiziert und sich ein Bild von seinem Gesundheitszustand gemacht haben, können Sie in die Verhandlungsphase eintreten.

Wenn Sie sich nun auf etwas einlassen, das dazu führen könnte, dass Sie am Ende ein Einhorn mit nach Hause nehmen, sollten Sie wissen, was Sie wollen. Falls Unklarheit über Ihre finan-

ABBILDUNG 8.e. *(Von links) Gesundes Einhorn; krankes Einhorn*

ziellen Grenzen besteht, sollten Sie diese vorher mit einem Finanzberater besprechen, und zwar mit einem, der nicht glaubt, dass jemand, der einen Einhornkauf erwägt, in die Klapsmühle gehört.

Sie können ein Horn auch durch Tausch erwerben. Tauschgüter können Nahrungsmittel, Dienstleistungen oder Töpfe mit der Aufschrift »Molches-Aug'« sein. Andere Güter sind situationsabhängig, am besten machen Sie sich also sachkundig, bevor Sie sich auf einen Tauschhandel einlassen. Zum Beispiel gibt es einen bekannten Züchter, der reges Interesse an klassischen Tiki-Masken hat, und von einem angesehenen osteuropäischen Zoo weiß man, dass er sich schon oft hat erpressen lassen, Tiere kostenlos abzugeben.

ERBHÖRNER

Als drittes gibt es noch die Möglichkeit, per Geschenk oder Erbe zu einem Einhorn zu kommen (Abb. 8.f.). In diesem Falle wird das Einhorn ohne Gegenleistung Ihrerseits in Ihre Obhut gegeben. Es gilt als unhöflich, ein Geschenk auszuschlagen, und ein Erbe abzulehnen ist kompliziert; am besten ist es, wenn man immer darauf gefasst ist, ein Einhorn zu bekommen. Dies gilt insbesondere, wenn Sie exzentrische ältere Verwandte haben, die einen kuriosen Sammeltrieb entwickeln und dazu in ferne Länder reisen.

ABBILDUNG 8.f. *Ein Einhorn als Geburtstagsgeschenk*

Welche Option auch immer Sie bevorzugen (oder aufgedrängt bekommen), seien Sie stets gut vorbereitet.

- Informieren Sie sich über Einhorneigenschaften und -verhalten, sodass Sie Schlüsse auf den Wert des Tieres ziehen können.
- Betreiben Sie regelmäßig Marktforschung, damit Sie über Einhornpreise und das Angebot Ihrer Konkurrenten informiert sind.
- Schätzen Sie Ihre eigenen Fähig- und Möglichkeiten richtig ein und lassen Sie sich nicht zu einem unvernünftigen Impulskauf hinreißen.

Mit diesen Vorbereitungen und einer guten Planung sind Sie bereit für den nächsten Schritt: die Einrichtung Ihrer Einhornfarm.

HORNKUNDE

Ein Plan mit Gewinn ist ein Plan für Gewinner!

ZUR WARNUNG

AHMED UND DER MISSERFOLG DER KRISE

Ahmed erwarb während der Glaubenskrise Tiere für seine Farm. Allerdings sah er sie sich nicht so genau an und wollte die domestizierten Hörner dazu bringen, sich wie in der Wildnis gefangene zu benehmen. Wie Gesellschaftslöwen, die man zu einem Treckertreck einlädt, rümpften die Einhörner nur ihre verzärtelten Nasen, schliefen und badeten weiter oder ließen sich ihre Mähnen fein flechten. Ahmeds Besuchern wurde es schlicht zu langweilig, Einhörnern beim Feinmachen zuzusehen, und sie gingen lieber anderswohin, wo es echte Hörner zu sehen gab. Seine letzten Tiere verkaufte Ahmed an Emmets Multimilliarden-Dollar-Streichelzoo.

MERKEN SIE SICH ALSO:

1. Es gibt viele Möglichkeiten, an Einhörner zu kommen, aber die wichtigste Frage ist, ob Sie wilde oder domestizierte Hörner wollen.

2. Wilde Hörner sind oft aktiver und interessanter, aber sie sind auch schwerer zu bändigen.

3. Domestizierte Hörner sind oft angenehmer und pflegeleichter, aber sie sind auch träger.

4. Um ein wildes Einhorn zu fangen, brauchen Sie Frauen, Mundschutz, einen Sattelschlepper und entweder eine Jungfrau oder ein Betäubungsgewehr.

5. Ein Einhorn gedeiht besser in einem Ökosystem, das wie jenes aussieht, was es gern in der Natur sähe.

6. Bevor Sie ein Einhorn kaufen, vergewissern Sie sich, dass mit Gesundheit und magischen Kräften des Horns alles in Ordnung ist.

IHRE EIGENEN NOTIZEN:

_____

_____

_____

_____

_____

_____

KAPITEL 9

DIE FARM

Es lässt sich nicht leugnen, dass Einhörner anspruchsvolle Tiere sind. Immer wieder hört man von Einhornfarmern den klassischen Stoßseufzer:

»Wenn du ein Loch in deiner Brieftasche willst, dann lass es dir vom Horn eines Einhorns bohren.«

Mit diesem Stereotyp der hohen Unterhaltskosten im Sinn wird es nun Zeit, dass wir uns der Lebensumwelt des Farmeinhorns widmen. Am allerwichtigsten ist, dass Ihre Hörner bequem und in Sicherheit leben. Ein Einhorn, das in Gefahr lebt, macht einem das Leben nicht leicht, aber ein Einhorn, das es unbequem hat, ist der schiere Terror.

Ihre Einhornfarm sollte alles enthalten, was wir weiter vorn in diesem Handbuch zum Thema Ökosystem aufgeführt haben. Wenn Ihr Bestand sich nur aus domestizierten Hörnern der zweiten Generation zusammensetzt, können Sie ein wenig mogeln. Statt dem saphirblau schimmernden Teich können Sie zum Beispiel einen Tümpel nehmen, den Sie mit blauer Lebensmittelfarbe aufpeppen. Außerdem sind Sie auch nicht mehr auf Cherubinen und Zentauren angewiesen, denn Hörner der zweiten Generation sind in ihrem Umgang nicht mehr ganz so wählerisch.

Bei der Gerätschaft für Ihre Farm sollten Sie bedenken, dass laute Geräusche die Hörner nervös machen; ziehen Sie also traditionelles Werkzeug vor. Sie werden kaum moderne Maschinen finden, die ein Prüfsiegel für diese Form der Farmwirtschaft tragen. Sensen, Handscheren, mechanische Rasenmäher halten den Geräuschpegel niedrig, und die Arbeitszeit steigt auf kaum mehr als das Vier- oder Fünffache.

Am leichtesten fündig werden Sie in Trödelläden, die altes Farmgerät oft als Geschenkartikel-Satz verkaufen (ABB. 9.a.). So ein Nostalgie-Kit enthält alles, was Sie brauchen, und wenn Ihnen solche Sachen Spaß machen, halten die Läden auch noch das Deluxe-Kit mit vielen weiteren schönen Stücken für Ihren Hof bereit. Außerdem gibt es noch die Abteilung mit absolut überflüssigem Krempel für den Nostalgiefarmer, der schon alles hat, dazu gehören dann Sachen wie Strass-

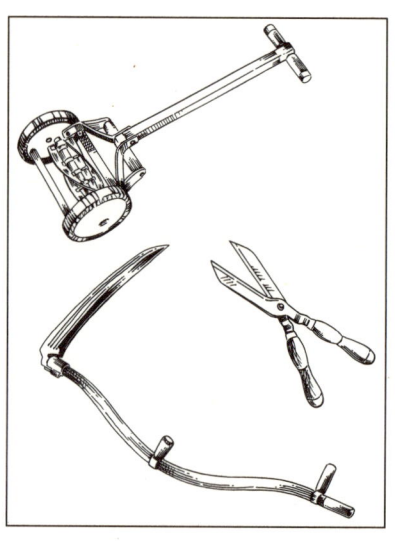

ABBILDUNG 9.a. *Typischer Satz nostalgischer Farmwerkzeuge*

besatz für Sensenklingen, Stuhlkissen für Webstühle oder der beheizbare Sitz für Ihren Einhornpflug.

Die ideale Anlage Ihrer Farm bietet den Hörnern genügend Raum und Auslauf, hohe Decken, geräumige Ställe, natürliche oder naturnahe Natur sowie Spielzeuge für die geistige Stimulation, damit es den Tieren nicht langweilig wird.

Bedacht sein wollen auch die Bedürfnisse von Besuchern und Kunden. Eine nützliche Kleinigkeit, an die Anfänger oft nicht denken, ist ein Lageplan des Stalls (ABB. 9.b.). Ein solcher Plan sorgt für Orientierung, damit nicht etwa ein ahnungsloser Besucher in die Box eines launischen Zornhorns oder in einen gerade genutzten Deckraum gerät.

WEISHEIT EINES ALTEN EINHORNFARMERS

Wenn Sie mit dem Verkauf von Einhornstutenmilch reich werden wollen, haben Sie es mit einem ausgesprochen aufnahmefähigen und loyalen Markt zu tun. Allerdings werden Sie auf Schwierigkeiten stoßen, wenn Sie eine Melkmaschine verwenden wollen. Diese Maschinen haben die Bauern bei den Kühen nicht beliebt gemacht, als sie Mitte des 19. Jahrhunderts aufkamen, und Sie machen sich damit heute bei einer Einhornstute auch nicht beliebt. Handmelken wahrt den Frieden zwischen Ihnen und Ihrer Milchquelle. Die Moral: Altmodisches ist nicht immer schlecht, nur arbeitsintensiv.

Für den profitorientierten Farmer ist ein gelangweiltes Einhorn Gift. Hörner, deren Hirn nicht regelmäßig beschäftigt wird, büßen oft ihren Glanz und ihre Farbe ein, und damit verliert jedes ihrer Produkte drastisch an Wert. Sehen Sie also in Ihrer Kalkulation einen Belegposten vor, damit Sie ausgiebig und ohne Hemmungen Materialien für ihre mentale Stimulation (mit anderen Worten: große Spielzeuge) anschaffen können.

Wenn Sie nicht gerade im Geld schwimmen, wird eben dieser Punkt Sie daran erinnern, mit wie hohen laufenden Kosten ein Einhornbetrieb verbunden ist; und diese Investitionen für das Wohlbefinden Ihrer Hörner schlagen tatsächlich am teuersten zu Buche. Sie sollten davon ausgehen, dass Sie 50 Prozent des Bedarfs kaufen müssen, die anderen 50 Prozent ersetzen Sie

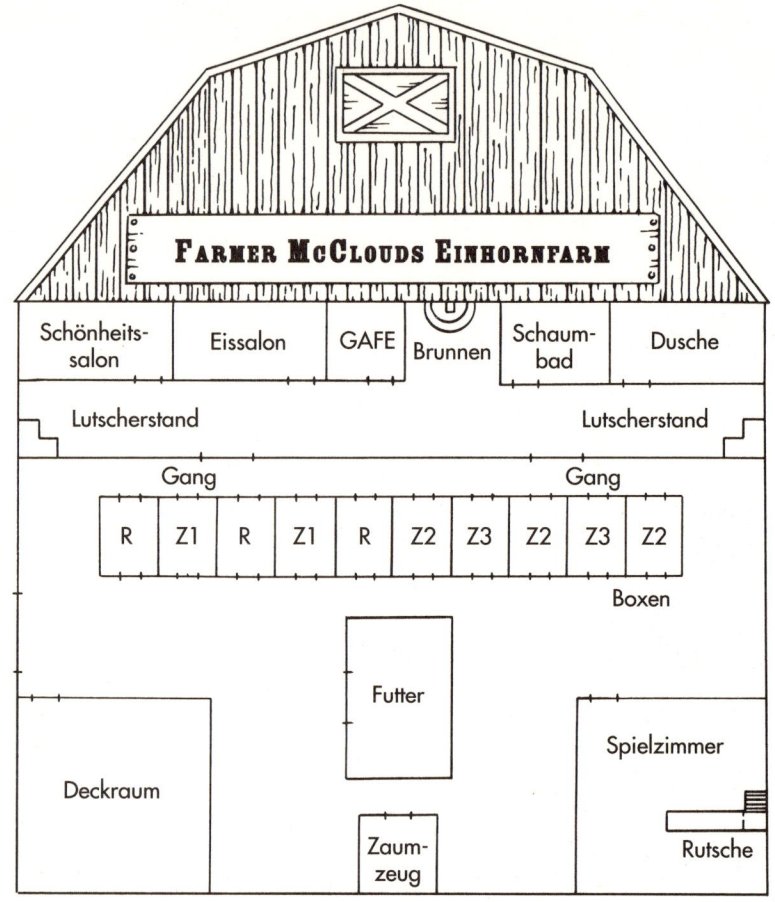

R = Reinhorn **Z1** = Zwinkerzeh **Z2** = Zornhorn **Z3** = Zottelhorn
GAFE = Garderobe ausschließlich für Einhörner

ABBILDUNG 9.b. *Lageplan einer Einhornfarm*

durch Aktivitäten. Hier ein paar Beispiele für Spielzeug-Erstausrüstung und mögliche Aktivitäten.

SPIELZEUG-ERSTAUSRÜSTUNG UND MÖGLICHE AKTIVITÄTEN FÜR EINHÖRNER	
SPIELZEUG ZUR GEISTIGEN STIMULATION	AKTIVITÄTEN
Pilatesbälle	Schwimmen
Seifenblasen	Ringewerfen am Hornhorn
Vier gewinnt (Riesenformat)	Boccia
Eine Murmel, in einem Schuh versteckt	Tetherball
Flipper	Schach (nicht für Zottelhörner)
Klettergerüst mit Reifenschaukel aus Bulldozerreifen, Hängebrücke sowie mit Stahlträgern verstärkte Rutsche	Paintball (besonders für Zornhörner)

Beachten Sie, dass Froschhüpfen für Einhörner nicht geeignet ist.

Reinhörner und Zwinkerzehen haben in der Regel Freude an Mannschaftssportarten, insbesondere jenen, bei denen alle gewinnen oder, wo dies nicht möglich ist, die wenigsten verlieren. Zornhörner sind das genaue Gegenteil davon, und Zottelhörner wollen einfach nur die »Ich war beim Spaß dabei«-Plakette (ABB. 9.c.).

ABBILDUNG 9.c. *Ein Zottelhorn, das gerade an einem Spiel teilgenommen hat*

Ein Faktor, den Sie bei Einrichtung Ihrer Farm unbedingt bedenken sollten, ist die Sicherheit. Sie müssen Ihre Hörner vor den Besuchern schützen (wenn Ihr Hof ein Besucherhof ist), voreinander und vor ihren natürlichen Feinden. Der natürliche Feind des Einhorns ist:

- El Chupacabra

El Chupacabra ist leicht zu erkennen, und man kann Vorsorge gegen ihn treffen.

AUFGEPASST: In vielen ländlichen Gegenden ist Einhornumwerfen ein weit verbreitetes spätabendliches Vergnügen der Jugend, und Sie sollten davor auf der Hut sein. Ein umgeworfenes Einhorn ist ein wütendes Einhorn.

Drachen, Chimären, Zombies und Minotauren werden bisweilen als Feinde des Einhorns genannt, sind aber in Wirklichkeit nur Ärgernisse. Das gilt auch für all jene Vertreter von Literatur und Legende, die dem Vernehmen nach Einhörner oder Teile davon verspeisen; die Einhörner wissen, dass es sich dabei selten um Grausamkeit handelt, sondern eher um schieren Hunger oder um poetische Freiheit. Wie bei jedem Ärgernis gibt es natürlich eine gewisse Bandbreite der Intensität, und Drachen fallen oft in die »wirklich verdammt lästig«-Klasse, ihrer gefräßigen und launischen Art und des schlechten Atems wegen.

Zudem besteht auch immer eine wenn auch herzliche Rivalität mit den Narwalen. Wenn ein Einhorn einmal an die Gestade des Ozeans kommt, gehört meist auch ein Besuch bei diesen gehörnten Meeressäugern dazu. Beim Zweikampf, der allein mit dem Horn ausgefochten wird, zeigt keine von beiden Seiten Zu-

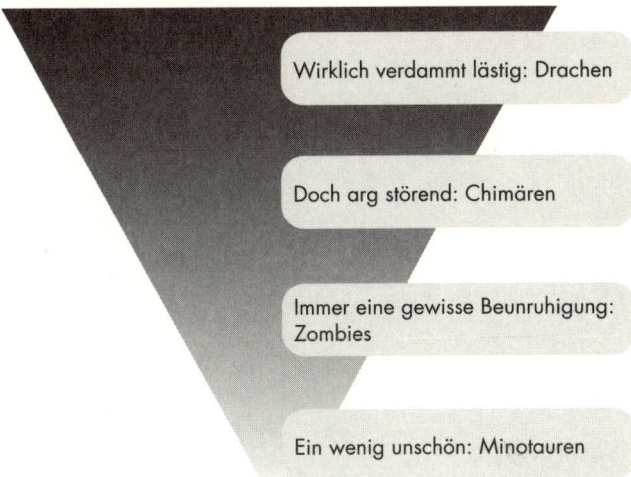

Wirklich verdammt lästig: Drachen

Doch arg störend: Chimären

Immer eine gewisse Beunruhigung: Zombies

Ein wenig unschön: Minotauren

rückhaltung. Zwar können solche Kämpfe zu schweren Verletzungen auf beiden Seiten führen, aber sie enden immer mit einer Aussöhnung. Der Verlierer spendiert dem Sieger ein Bier, und dann plaudern sie beide über die guten alten Zeiten.

HÄTTEN SIE'S GEWUSST?

Ein Einhorn kann ruhig einmal ein Bier trinken, aber alles mit mehr als neun Prozent Alkohol führt unweigerlich dazu, dass es am Ende mit einem Lampenschirm auf dem Horn tanzt. Wenn Ihnen betrunkene Tiere und uralte Säuferklischees auf die Nerven gehen, sollten Sie bei der Gabe alkoholischer Getränke zurückhaltend sein.

Das letzte, was Sie bei der Anlage bedenken sollten, ist die Zielsetzung Ihrer Farm. Soll sie für Besucher geöffnet sein, oder ist sie nur ein Produktions- und Verteilungszentrum? Wenn Ihre Farm zum Beispiel auch als Hornpoststation dienen soll, brauchen Sie eine Abnahme durch die Arbeitsschutzbehörde, die bestätigt, dass Ihre Farm humankompatibel ist. Wenn hingegen Besucher auf dem Gelände nicht vorgesehen sind, könnten Sie Ihre Farm auch in dem Stil einrichten, den man gemeinhin als »Schweinestall-Chic« kennt.

DIE ERÖFFNUNG IHRER FARM

Da Sie die Schwerpunkte Ihrer Farm selbst festlegen müssen, führen wir hier nur ein paar grundsätzliche Dinge auf, die Ihnen helfen sollen, den Laden einigermaßen in Gang zu bringen.

Der Tag, an dem Sie Ihre Farm eröffnen, ist ein großer Tag. Vielleicht stehen Sie nur in der Stalltür und brüllen den Einhörnern zu, dass sie sich endlich an die Arbeit machen sollen – oder es wird die rauschende Einweihungsfeier, von der die Lokalpresse schon seit Wochen schreibt (ABB. 9.d.).

Um eine passende Eröffnungsfeier zum richtigen Zeitpunkt hinbekommen, müssen Sie Ihr Produkt und Ihr Publikum kennen. Sie werden mehr vorzubereiten haben, wenn Ihr Betrieb aufwendig Einhornfäkalien raffiniert, als wenn es sich um einen reinen Zuchtbetrieb handelt, der für Nachschub an Keinhörnern sorgt.

ABBILDUNG 9.d. *Die Eröffnung einer neuen Einhornfarm schafft es auf die Titelseite der örtlichen Zeitung*

Vergessen Sie nicht: Eine wirklich coole Eröffnungsfeier oder der smarteste Start-up müssen zwar nicht sein – aber sie helfen schon!

Publikumsfeier

Wenn die Eröffnung fürs große Publikum sein soll, brauchen Sie auf alle Fälle einen Termin und jede Menge Konfetti. Veranstalten Sie eine Tombola und halten Sie überhaupt Sachen zum Verschenken bereit. Das könnten zum Beispiel Einhornkalender sein (ABB. 9.e.), Kämme, Autoaufkleber, Kugelschreiber, Flaschenöffner oder billige Plüschtiere, alles mit Einhornmotiven. In der Regel werden Name und Kontaktdaten der eröffneten Farm daraufstehen, und dazu natürlich schmissige Slogans wie:

ABBILDUNG 9.e. *Ein Einhornkalender*

- »Wo Magie Wirklichkeit wird!«
- »Ich bremse für Hörner und Glitzer!«
- »Schwingt die Hufe, auf in McCormicks Einhornparadies!«

Beachten Sie, dass solche Sätze grundsätzlich mit einem Ausrufezeichen enden. Das vermittelt Begeisterung. Die folgende Marketing-Regel gilt uneingeschränkt:

Je mehr Ausrufezeichen Sie verwenden, desto begeisterter nehmen Ihre Kunden Ihr Produkt auf!!!!!

Allerdings gibt es Grenzen bei Ausrufezeichenfolgen; Sie sollten nie mehr Ausrufezeichen aneinanderreihen, als der vorangegangene Satz Buchstaben hat. Streben Sie einen Schnitt von drei Ausrufezeichen pro Satz an; später, wenn Sie als Reklametexter den Bogen raushaben, ergibt sich die richtige Zahl ganz von selbst.

Die billigsten Ihrer Werbeartikel verschenken Sie, die kostspieligeren kommen in die Tombola. Zwar sollte Sie auch davon keiner mehr als fünf Dollar kosten, aber Sie werden feststellen, dass jeder, vom Kind auf dem Dreirad bis zum Geschäftsmann mit Chauffeur, darum rangelt, diese Sachen zu bekommen. Es ist eine Frage von Angebot und Nachfrage. Schaffen Sie *Nachfrage*, indem Sie die Zahl der Objekte in der Tombola stark begrenzen, und limitieren Sie das *Angebot* dadurch, dass Sie ein paar wenige Exemplare derselben Stücke zu lächerlich hohen Preisen im Farmladen anbieten. Dadurch entstehen überzogene Wertvorstellungen, die wiederum dafür sorgen, dass Ihre Kunden Ihre Werbeartikel haben wollen, und damit auch Ihr Produkt.

HORNKUNDE

Das Leben ist langweilig, wenn Angebot und Nachfrage sich entsprechen; gestalten Sie diesen Ausgleich interessanter mit dem althergebrachten Mittel der Verknappung!

ZUR WARNUNG

EMMYLOU UND DIE ALLZU GUTE IDEE

Mit ihrem Vornamen zum Landleben prädestiniert, waren bei Emmylou die Dollarzeichen regelrecht auf den Pupillen eingebrannt, als sie ihren Einhornhof aufmachte. Sie hatte einen Abschluss in Wirtschaftswissenschaften, einen Geschäftsplan und eine Mustervorlage für den Jahresbericht. Nie in der ganzen Geschichte der Einhornfarmerei war jemand so gut vorbereitet gewesen. Als allererstes eröffnete Emmylou den Farmladen und führte dazu eine eigene Währung ein, den Horno. Allerdings gab es ausschließlich Zweihornomünzen, und die Kunden ärgerten sich, dass sie nie das richtige Wechselgeld herausbekamen. Am Ende gingen sie nicht mehr hin, und der Horno wurde ein Reinfall.

Privatfeier

Wollen Sie die Eröffnung lieber im Stillen begehen, dann schicken Sie den Anwohnern Karten, mit denen Sie sie informieren, dass Ihre Produkte und Dienstleistungen demnächst verfügbar sind. Vergessen Sie nicht, die Adresse anzugeben. Dann machen Sie die Tür auf und fangen mit der Arbeit an.

Macht nicht so viel her wie eine große Feier, oder? Denken Sie noch mal über Ihren Geschäftsplan nach.

Die Leute lieben Eröffnungsfeiern, und sie greifen mit Begeisterung Werbegeschenke ab.

ALLTAG AUF IHRER FARM

Die Eröffnung geht vielleicht wie von selbst, aber der tagtägliche Betrieb der Farm ist schon Arbeit. Harte, langweilige Arbeit. Sie müssen sich um Werbung kümmern, Finanzen, Gesundheitsfragen, Verträge, Arbeitsrecht usw.

Wenn Sie darin erfolgreich sein wollen, haben Sie die Wahl zwischen zwei Möglichkeiten: Entweder übernehmen Sie fortan die Verantwortung für die Farm und sorgen für die Geschöpfe in Ihrer Obhut – oder Sie veranstalten einfach noch eine zweite große Eröffnungsfeier!

Sie werden zugeben, Eröffnungsfeiern haben allen Beteiligten weitaus mehr zu bieten, auch den Einhörnern, die immer ganz aus dem Häuschen sind, wenn es Luftschlangen, Ballons und bunte Farben gibt (Abb. 9.f.).

ABBILDUNG 9.f. *Ein quietschvergnügtes Einhorn bei einer großen Eröffnungsfeier*

Wenn Sie unbedingt darauf bestehen wollen, sich in Ihren Geschäftsentscheidungen als erwachsener Mensch zu zeigen, sollten Sie in konkreten, überschaubaren Schritten auf Ihre Ziele hinarbeiten. Konzentrieren Sie sich auf Kundenbindung, dokumentieren Sie Ihre Erfolge, minimieren Sie Risiken, bewahren Sie Selbstvertrauen bei Ihren Preisen, bleiben Sie wettbewerbsfähig, schärfen Sie Ihr Marktprofil usw.

Aber ehrlich – eine große Eröffnungsfeier ist *viel* besser.

AUSBAU IHRER FARM

»Wie baue ich meine Farm aus?«

Wie der junge, dreiste Einhornfarmer aus dem 8. Kapitel stellen sich auch viele andere diese Frage. Forschungen unabhängiger Beratungsfirmen haben ergeben, dass dies die zweithäufigste im Zusammenhang von Einhornagrarbetrieben überhaupt gestellte Frage ist, gleich nach »Gibt es Einhörner wirklich?«.

Ihre Farm kann auf die verschiedensten Arten wachsen. Welchen Weg Sie wählen, hängt davon ab, wie Ihr frühester Traum von dieser Farm aussah. Wachstum kann vor allem durch vermehrtes Netzwerken erzielt werden, durch Verbesserungen im Vertrieb, durch Erhöhung der Horndichte, größere Leuchtreklamen und neue Geschäftsziele. Außerdem werden Sie am Ende des Kapitels erfahren, wie Sie neue Vertriebswege erschließen können, von deren Existenz Sie im Augenblick noch überhaupt nichts wissen, weil Ihre Konkurrenz alle Informationen darüber lieber für sich behält.

AUFGEPASST: Im Geschäft mit Fabeltieren können unlautere Methoden ganz unterschiedliche Folgen haben, je nachdem, welchem Assoziationsbereich das Tier Ihres Betriebes zugeordnet ist. Greife symbolisieren Macht, und ein Greif wird Ihrer heroischen Gerissenheit Anerkennung zollen. Aber Sie haben ja keine Greifenfarm. Alle Welt sieht im Einhorn das Symbol der Reinheit. Wenn Sie sich auf zwielichtige Sachen einlassen, dürfen Ihre Hörner davon nichts erfahren, es sei denn, Sie haben ihre hundertprozentige Loyalität. (Am Ende kommen die Hörner Ihnen in jedem Fall auf die Schliche, aber bedingungslose Loyalität macht den Tieren eine solche Einsicht leichter.)

Wenn Sie Ihre Marktinformationen doch lieber über sozial anerkanntere Kanäle sammeln wollen, klopfen Sie sich selbst auf Ihre Pfadfinderschulter, weil Sie die große Aufrichtigkeitsmedaille verdient haben. In der Geschäftswelt gelten solche Medaillen allerdings so gut wie nichts – da machen ein paar Kalkulationsbögen wesentlich mehr her (Abb. 9.g.)

Schreiben Sie ein paar eindrucksvolle Zahlen zu Betriebskosten, Gewinnspannen und was es sonst noch so im Business-Jargon gibt auf, und dann erklären Sie Ihren Aktionären, Anteilseignern, Angestellten und überhaupt allen, die bereit sind, sich eine Rede über die Erfolgsaussichten im Einhorngeschäft anzuhören, dass es sich um einen unerschlossenen Markt handelt.

ABBILDUNG 9.g.
Eine Tabellenkalkulation macht Eindruck

Das Tolle an unerschlossenen Märkten ist, dass alles daran so diffus ist, dass man im Grunde keine Rechtfertigung für den Versuch braucht, ihn zu erschließen. Die Leute sind allein davon schon beeindruckt, dass Sie wissen, dass dieser Markt existiert.

Wenn doch einmal jemand fragt, ob denn so etwas vernünftig ist, können Sie leicht eine locker gestrickte Erklärung anbringen, in der Sie eine Verbindung zwischen Ihren Verkaufserfolgen und den Überlebenschancen der entsprechenden Tierart knüpfen. Außerdem arbeiten Sie mit Einhörnern. Kann man da wirklich verlangen, dass Sie wissen, was Sie tun?

HORNKUNDE

Erfinden Sie ruhig das Rad neu; Sie sollten ihm nur jedes Mal einen neuen Namen geben.

MARKETING FÜR IHRE FARM

So großartig Sie selbst Ihr Geschäft auch finden mögen, ist es doch eine Menge Arbeit, dafür zu sorgen, dass die Welt draußen es wahrnimmt, und zwar dauerhaft. In der Regel müssen Sie auch einiges an Geld für Werbung aufwenden und für Events, die für Aufmerksamkeit sorgen; es ist eine Vollzeitstelle für jemanden, der sich auskennt und die Öffentlichkeitsarbeit macht, der Pressemitteilungen verschickt und dann Himmel und Hölle in Bewegung setzt, um die launische Aufmerksamkeit der Medien zu erhaschen.

Solche Methoden sind traditionell und verlässlich, aber sie verlieren auf dem heutigen mit Neuheiten gesättigten Markt an Boden, und manche Einhornfarmer haben deshalb in den letzten Jahren neue Wege eingeschlagen.

Wenn Sie zu denen gehören, die finden, dass jede Publicity gute Publicity ist, könnte dieser Ansatz Sie interessieren. Hier geht es um dramatische Ereignisse, die Aufmerksamkeit erregen und folglich die Medien anziehen. Zum Beispiel hat einmal eine Einhornfarmerin auf ihrem Gelände eine alte Scheune in die Luft gejagt und es dann einem nonexistenten Brandstifter in die Schuhe geschoben; und bis bewiesen war, dass es diesen Brandstifter nicht gab, war die Farmerin längst groß rausgekommen. Sie hatte eine Radio-Talkshow auf mehreren Sendern, eine Ratgeberkolumne in einer überregionalen Business-Zeitung, und die Memoiren, die sie derzeit schreibt, versprechen große Enthüllungen.

Dieser Ansatz ist mit Risiken verbunden, auch über den Sicherheitsbereich hinaus. Wenn man beim Umgang mit der Öffentlichkeit Fehler macht, verliert man ihre Aufmerksamkeit unter Umständen ganz. Alles kommt darauf an, die Leute sofort zu packen – der Neuigkeitswert, nicht die Qualität führt Ihnen potenzielle Kundschaft zu. Wenn sie erst einmal da sind, können

Sie aus den potenziellen reale Kunden machen, denn dann zeigen Sie ihnen Ihre hervorragenden Dienstleistungen und Waren. Kommen Sie aber nicht zu schnell damit heraus, sonst wirkt es unter diesen Umständen zu bemüht.

Ein weiteres Risiko besteht darin, dass Ihre Tiere dahinterkommen. Aber davon war in diesem Kapitel schon genug die Rede.

Als letzte Gefahr sei noch erwähnt, dass der Schurke unter Umständen mehr Ruhm einstreicht als Ihr Geschäft. Wenn Sie selbst der Prügelknabe (oder das Prügelmädel) sind, halten Sie Ihr Ego im Zaum und vergessen Sie nicht, dass das Geschäft an erster Stelle kommt. Wenn ein Sündenbock (besser gesagt: ein Sündenhorn) zum Einsatz kommt, sollten Sie dem Tier vorher auseinandersetzen, dass es eine vorübergehende, jedoch tragende Rolle bei einer »großen Marketing-Chance« spielt und dass es Ihnen das Reden überlassen soll, damit nichts durcheinanderkommt. Damit behalten Sie die Kontrolle, und zugleich ist das Tier stolz auf seinen wertvollen Beitrag.

Ein erfolgreiches Geschäft, das Aufmerksamkeit erregt, ruft natürlich sofort die Konkurrenz auf den Plan. Ihre Farm mag die einzige ihrer Art in tausend Meilen Umkreis sein, aber Sie können sicher sein, dass es Leute gibt, die sich an Ihren Erfolg anhängen wollen. Die Einhörner dieser Leute mögen nicht echt und ihre Scheunenwände nicht asbestfrei sein, aber sie werden alles tun, um sich in das Eckchen des Marktes zu drängen, das Sie sich erobert haben.

Viele, die ihren Hof neu aufmachen, möchten der Konkurrenz gern aus dem Wege gehen. Doch damit missverstehen sie, wozu ein Wettbewerber da ist. Ein Wettbewerber ist kein übler Erzfeind, der jeden Ihrer Schritte beobachtet, um Sie am Ende zu Tode zu foltern. In Wirklichkeit war das Maß an tödlichen Folterungen unter Betreibern von Fabeltierhöfen noch nie so niedrig wie in den letzten fünf Jahren.

ZUR ERMUNTERUNG

BENJAMIN DER MARKETING-GUERILLERO

Benjamin hatte in der Zeitung von Guerilla-Marketing gelesen und wusste, wie man Aufmerksamkeit bekommt, ohne viel zu investieren. Und das war nur gut so, denn er hatte sein sämtliches Geld für den Erwerb von Einhörnern ausgegeben. Er organisierte einen Flashmob, bei dem seine sämtlichen Freunde und deren Freunde als Einhörner verkleidet auftraten und zu Peter, Paul and Marys »Einhorn-Song« tanzten. »Die Klangqualität war schlecht, aber allein die Gegenwart von zweiundsiebzig erwachsenen Menschen, die als Einhörner verkleidet durch die Gegend hüpften, machte doch einen beachtlichen Eindruck«, erzählt er. Binnen der folgenden Wochen berichteten die Lokalzeitungen immer wieder über Benjamin, und bald war er landesweit bekannt. Heute ist er Coach für Einhorn-Marketing. »Ich bin der einzige, der das anbietet – da lässt sich mit dem Markt echt was machen.«

Die Konkurrenz will nichts weiter als Ihr Geld, und um dieses Geld von Ihrer in die eigene Tasche zu bringen, lassen die Leute sich die unglaublichsten Sachen einfallen. Andererseits können Sie von deren Fehlern profitieren und bauen Ihre eigene Identität als Gegenbild zu deren schlechter Handwerksarbeit, ungenügenden Leistungen oder armseligen Einrichtungen auf.

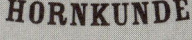

HORNKUNDE

Sehen Sie die Konkurrenz wie den Zerrspiegel in einer schlecht beleuchteten Umkleidekabine, der Sie schlanker wirken lässt: Sie sehen dadurch besser aus, und das schlägt sich in der Kasse nieder.

INSIDERWISSEN

Es ist immer gut, möglichst viel über die Geschäftsabläufe Ihrer Konkurrenz zu wissen, aber Sie sollten nicht selbst hingehen und spionieren. Erwägen Sie stattdessen die folgenden drei Optionen:

- Informieren Sie sich in der Presse über die Entwicklungen des Marktes.
- Stellen Sie einen Wirtschaftsberater an, der Ihnen hilft, Produktivität und Qualität zu erhöhen.
- Schicken Sie ein trojanisches Horn (ABB. 9.h.) auf den anderen Hof.

Das trojanische Horn ist mit Abstand die attraktivste unter den Möglichkeiten dieser Liste. Wenn Sie damit rechnen können, dass Ihr Wettbewerber ein großes Einhorn auf Rädern bei sich aufnimmt, ohne Fragen zu stellen, dann ist es nur recht, dass Sie diese Leichtgläubigkeit zu Ihrem Vorteil nutzen.

ABBILDUNG 9.f. *Ein trojanisches Horn*

Nehmen Sie zum Bau des falschen Horns kein echtes Einhornfell. Die ganze Einhornfarmerschaft würde Ihnen ein solches Vorgehen übel nehmen, wenn es bekannt wird. Und es wird bekannt – Gerüchte machen immer die Runde, wenn sie nichts daran hindert. Verwenden Sie stattdessen eine Decke oder Sackleinen und nähen Sie alles so zusammen, dass die Umrisse eines vierbeinigen Hornviehs entstehen. Eine Halloween-Maske aus Kunststoff macht sich ebenfalls oft gut.

Sie müssen dieses Geschöpf mit Aufnahmegeräten vollstopfen; bauen Sie es also so, dass im Bauch ordentlich Platz ist. Wenn Sie jemanden im Team haben, der sich mit solchen Spielzeugen auskennt – und wenn Ihre Kapitaldecke es zulässt, zahlt es sich immer aus, so jemanden zu haben –, lassen Sie es so bauen, dass die Augen mit den Kameras verbunden sind und sich fernsteuern lassen. Das ganze Projekt hört sich gleich viel cooler an, wenn Sie sich vorstellen können, das Ihr trojanisches Horn ein Roboter ist.

Sie sollten allerdings nicht damit rechnen, Ihre Apparatur zurückzubekommen. Wenn Ihr Wettbewerber dahinterkommt, dass es ein Spionagewerkzeug ist, wird Ihr Anwaltsteam zu tun bekommen, oder zumindest wird die Sache an die Öffentlichkeit gezerrt, was nicht gut für Ihren Ruf ist. Und wenn Ihr Wettbewerber *nicht* dahinterkommt, wird er das trojanische Horn bei sich behalten, weil er es für einen Teil seiner Herde hält.

Lassen Sie es einfach gehen, im Namen des Fortschritts. Synergie!

HORNKUNDE

Wenn etwas mit Ihren Plänen schiefgeht und ein Handelsembargo gegen Ihren Hof verhängt wird, dann schicken Sie Ihren Gegnern Geschenkkörbe mit Törtchen, Zuckerzeug und Freundschaftsarmbändern, damit die Einhornwelt wieder stimmt.

MERKEN SIE SICH ALSO:

1. Je traditioneller die Ausstattung Ihrer Farm, desto wohler werden sich die Einhörner fühlen.
2. Verhindern Sie Langeweile unter Ihren Hörnern mit Spielzeugen, Spielen, Unternehmungen und glitzernden Sachen.
3. Halten Sie immer Ausschau nach El Chupacabra und verteidigen Sie Ihre Hörner gegen ihn; mit den weniger üblen Burschen werden die Einhörner meist aus eigenen Kräften fertig.
4. Eröffnungsshows sollten gut geplant sein und häufig stattfinden.
5. Damit Ihre Farm wächst, überzeugen Sie Investoren davon, dass ihr Geld bei Ihnen gut aufgehoben ist. Kalkulationsbögen machen Eindruck.
6. Es macht Spaß, ein trojanisches Horn zu bauen, das dann die Konkurrenz ausspioniert.

IHRE EIGENEN NOTIZEN:

SCHLUSSBEMERKUNG
❦ ZUM DRITTEN TEIL ❧

Es ist großartig und spannend, wenn Sie Ihre Farm aufmachen, aber Einhörner dauerhaft zufrieden zu halten ist eine hohe Kunst, die Sie erst im Laufe eines langen Lebens erlernen. Damit der Farmbetrieb nicht zur Schufterei verkommt, lassen Sie den Spaßhahn immer voll aufgedreht! Und dann laben Sie sich – nein, schlürfen Sie in vollen Zügen – am Quell des Erfolgs, der aus diesem Hahn sprudelt.

Aber halten Sie die Hörner *immer* bei Laune, denn Zauber- und Zornausbrüche wollen Sie nicht.

VIERTER TEIL

DAS ERGEBNIS

KAPITEL 10

EVALUIEREN SIE IHRE FARM

Was ist letzten Endes Ihr Ziel? Mit beiden Händen Geld schaufeln? Eine Zuflucht schaffen, in der Einhörner frei leben und lieben können? Weltmarktführer von Entgiftungsprodukten auf Hornhornbasis werden?

Die Evaluation ist jener Schritt in der Entwicklung Ihres Betriebes, bei dem Sie Gewissheit darüber erhalten, ob Sie Ihr Ziel erreicht haben und es Zeit ist zu feiern, oder ob Sie Ihr Ziel *nicht* erreicht haben und Sie in diesem speziellen Bereich Ihres Lebens versagt haben.

Es ist ein langer Weg bis dorthin, und viele Farmen erreichen diesen Punkt gar nicht erst. Wenn Sie sich jedoch fragen: »Was kann ich besser machen?«, dann können Sie sicher sein, dass Sie dazu geboren sind, der Revolutionär unter den Einhornfarmern zu werden.

Aber Revolutionen kommen nicht über Nacht.

Jedenfalls die meisten nicht.

Zumindest nicht im Wirtschaftsleben.

Am Anfang Ihrer Arbeit stand ein Plan, dann haben Sie ihn umgesetzt und versucht herauszufinden, wie er sich in der Realität bewährt. War dieser Plan der richtige für Sie? Was müssten Sie noch an Verbesserungen anbringen, damit die Dividenden der Freude und andere, handgreiflichere Ergebnisse Ihrer Unternehmung reichlicher fließen? Das sind die Fragen, um die es in diesem Kapitel zum Thema Evaluation geht.

Eine Farm ist nicht gut, wenn sie nur gerade so über die Runden kommt. Es sei denn, Sie haben das so in Ihren Unternehmensleitsätzen festgelegt.

MESSGRÖSSEN

Weiter vorn in diesem Handbuch haben wir Ihnen empfohlen, Daten zu sammeln. Wir wollen hoffen, dass Sie sich an diesen Rat gehalten haben, denn ohne die sind Sie jetzt aufgeschmissen.

Diese Daten liefern nämlich all die Zahlen, die Sie in Ihre hervorragenden Tabellenkalkulationen schreiben können. Kreisdiagramme werden von der datenhungrigen Öffentlichkeit besonders gern genommen, und Sie können sich bei dieser Art Leuten beliebt machen, indem Sie die Diagramme »Hornkreise« nennen. Das ist typischer Investorenhumor, und wenn Sie mit so etwas kommen, sind die Stifte zur Unterzeichnung weiterer Schecks schon halb gezückt.

Zahlen beeindrucken allerdings nicht nur die anderen. Das ist zwar ihr Hauptzweck, aber nicht ihr einziger Zweck. Auf Zahlen können Sie auch verweisen, wenn Sie beteuern, auf wie gutem Wege Sie zur vollständigen Umsetzung Ihrer Unternehmensleitsätze sind.

Sie könnten zum Beispiel gerade ein schlechtes Jahr hinter sich haben. Dann zeigen Sie auf die Zahlen und sagen: »Diese Zahlen sind schlecht. Nächstes Jahr haben wir bessere Zahlen.« Anschließend erläutern Sie, wie es zu den schlechten Zahlen kam. Das nennt sich *Analyse*.

Wenn Sie schlechte Zahlen präsentieren, empfiehlt es sich, dies mit dem Bild eines besonders hübschen Keinhorns zu verbinden (Abb. 10.a.). Damit ist Ihr Publikum milde gestimmt, und das ist von Vorteil, falls noch weitere schlechte Nachrichten folgen. Sollte dies der Fall sein, zeigen Sie am besten ein kurzes Video, in dem dieses süße Hörnchen bei seinen ersten Gehversuchen zu sehen ist. Extra-Bonuspunkte gibt es, wenn die Einhornmutter dem Kleinen die Stirn leckt.

Von da an nehmen Sie die Zahlen, die Sie haben, um die Zahlen, die Sie wollen, zu erläutern. Das nennt sich *Prognose*.

ABBILDUNG 10.a. *Ein Bild von einem bezaubernden Keinhornmädchen und seiner Mutter lenkt von schlechten Zahlen ab.*

☞ *ZUR WARNUNG* ☜

CURT KOMMT KLEIN RAUS

Es sollte ein ganz großes Event werden – ein Treffen mit Investoren aus aller Welt. Curt hatte ein paar überzeugende Präsentationen vorbereitet, mit Tabellen, Prozent- und Ausrufezeichen. Aber schon als er sich in der Vorbemerkung verheddderte, merkte er, dass die Leute ihm nicht mehr zuhörten, also blendete er das Keinhornfoto ein, das er für genau solche Fälle in petto hatte, und blickte ins Publikum, um zu verfolgen, wie es seine Wirkung tat. Zu seiner Überraschung sah er nur angewiderte Gesichter. Als er wieder auf den Schirm schaute, sah er, dass er das zur Selbstdiagnose aus dem Internet heruntergeladene Bild einer pilzbefallenen Zunge projizierte. Damit war das Meeting zu Ende, und Curt nahm sich fest vor, seine nächste Präsentation besser zu proben.

Und schließlich können Sie auch noch dahinterkommen, wie sich die guten Zahlen, die Sie gern hätten, leichter einstellen. Das nennt sich *Erfolgssicherung.* Synergie! Hier ein paar Beispiele für Bereiche Ihres Einhorngeschäfts, die sich leicht in Zahlen fassen lassen:

- **Ertrag:** Die Geldmenge, die Sie aus dem Verkauf von Einhörnern, Einhornprodukten und Beratungsdienstleistungen im Einhornbereich eingenommen haben.
- **Kundenzufriedenheit:** Wiederkehrende Kundschaft; Häufigkeit, Umfang und Ton von Hassmails.
- **Angestelltenzufriedenheit:** Durchschnittliche Dauer zwischen Beginn und Ende des Arbeitsverhältnisses; Fragebögen, mit denen Sie ermitteln, wie groß die Wahrscheinlichkeit ist, dass Angestellte am folgenden Tag wieder zur Arbeit erscheinen.
- **Einhornzufriedenheit:** Anzahl der Krankentage; Anzahl der Einhornangriffe auf Publikum und Belegschaft.
- **Effizienz der Werbemaßnahmen:** Rückmeldung auf neue Anzeigen und Werbeauftritte; Anteil der Plakate und Broschüren, die nicht zerfetzt oder bekritzelt werden.
- **Qualität des Produkts:** Ergebnisse von Dauertests; Anzahl der Produkte, die zu Ersatz oder Erstattung zurückgegeben werden; Anzahl der Gerichtsverfahren, bei denen nicht das Wort »Sicherheitsrisiko« in der Klageschrift vorkommt.
- **Qualität des Services:** Anzahl der Kunden, die gehen, noch während Sie Ihre Dienstleistung erbringen; Umfragen, ob der Service im Freundes- oder Familienkreis weiterempfohlen wird; Umfragen, ob der Service im Feindes- oder Rivalenkreis weiterempfohlen wird.
- **Fangemeinde:** Häufigkeit und Umfang der Kontakte zu Ihren Fans; Anfragen für Auftritte auf Science-Fiction-Kongressen und Mittelaltermärkten.

Überlegen Sie sich, welche dieser Bereiche aussagekräftig für Ihr Geschäft sind, und besorgen Sie sich dann die Zahlen, aus denen Sie ablesen können, ob Sie Ihre Arbeit gut genug tun. Dann zeichnen Sie ein richtig schönes Hornkreisdiagramm, mit dem Sie zeigen, wie Sie es zukünftig besser machen werden.

Wenn Sie gern standardisierte Angaben haben, ist die Einhorn-Richterskala das richtige für Sie (ABB. 10.b.), von Charles Richter zehn Jahre vor seiner bekannten Erdbebenskala entwickelt. Damit lässt sich der Gesamteindruck Ihrer Hörner quantifizieren.

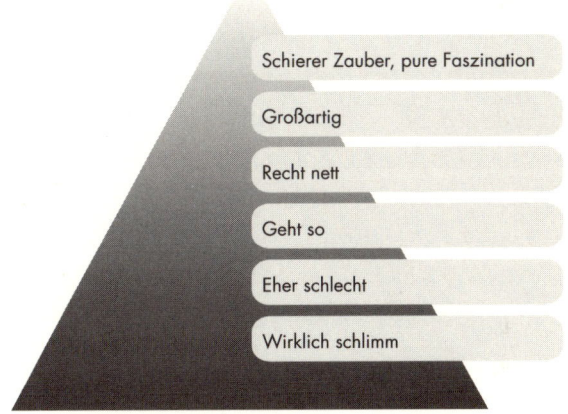

ABBILDUNG 10.b. *Die Einhorn-Richterskala*

SO SAMMELN SIE DATEN

Marktforscher tun immer so, als ob Daten leicht zu finden seien und man nur mit ihnen Versteck spielen müsse: Da sie immer kichern, muss man sich nicht mal anstrengen, denn sie stecken natürlich im Kühlschrank; schließlich kichern Kühlschränke niemals von sich aus.

Aber das stimmt nicht. So fröhlich geht es beim Datensammeln selten zu, und es *ist* eine Menge Arbeit. Es ist kein Versteckspiel.

Kundendaten lassen sich durch Fokusgruppen sammeln, durch schamloses An-der-Tür-Klingeln zur Essenszeit oder durch Fragebögen, die nur so gut sind wie derjenige, der sie entwirft.

Daten über Ihr Einhorngeschäft erhalten Sie nicht nur aus den Bankauszügen, sondern auch durch Ihr analfixiertes Notizbüchlein, in dem Sie alles aufschreiben. Suchen Sie nach Sätzen, die zum Beispiel anfangen mit »Heute gab es eine Radiomeldung über mich«, »Gestern Abend kam es mit einem Einhorn zu einem Sicherheitsrisiko« oder »Diese Woche haben meine Angestellten gestreikt«. So etwas kann sehr aufschlussreich sein.

Wenn Sie ein aufgeschlossenes Einhorn in Ihrem Bestand haben, fragen Sie es, ob es vielleicht Anekdoten über die geschäftliche Seite des Betriebes zu erzählen hat. Nutzen Sie diese Daten allerdings mit Vorsicht, denn Einhörner neigen in ihren Erzählungen zu Übertreibungen.

Eine weitere wichtige Informationsquelle ist die Marktanalyse. Allerdings ist es eine von allen, die sich beruflich damit beschäftigen, immer wieder gehörte Klage, dass es kein Fachblatt für das Einhorngewerbe gibt. Sie können nur die Zeitschriften verwandter Gebiete durchsehen, sich an Forschungsberichte einzelner Beratungsfirmen halten, Sachwissen aus anderen Formen des Farmbetriebs nutzen oder Verkaufszahlen über Einhorn-Geschenkartikel zurate ziehen. Wenn Sie in diesen Bereichen einen Aufwärtstrend sehen, können Sie daraus schließen, dass die Zeit für eine große Hinweistafel gekommen ist (ABB. 10.c.); oder wenigstens eine Plakatwand, wenn Ihr Budget für Autobahnschilder nicht reicht.

Wie immer sollten Sie alle Informationen nach Kräften in Zahlenform bringen. Die Leute lieben Statistiken, und in dieser Verkleidung kommen Sie mit optimistischen Schätzungen durch. Wenn allerdings der mäkelige, immer auf Daten bedachte Investor aus Kapitel 4 noch dabei ist, werden Sie vielleicht doch ein paar echte Zahlen brauchen. Wappnen Sie sich mit einer Tabelle, zu deren Angaben Sie stehen können. Für alle anderen

ABBILDUNG 10.c. *Farmer McCloud weiß, wie man auf eine Farm aufmerksam macht.*

stellen Sie einen schönen Hornkreis zusammen, am besten mit einem Foto von Ihrem besten Hörnchen im Hintergrund.

ZUR ERMUNTERUNG

OMAR TRIFT DESTINÉE

»Mathematik war nie meine Stärke, aber ich wusste, dass man ein eigenes Geschäft nicht ganz ohne Rechnerei betreiben kann«, sagt Omar mit einem Schulterzucken. Er lieh sich in der Gemeindebücherei ein Buch mit dem Titel *Statistiken sind gar nicht so schlimm – ehrlich!* aus und fand darin einige Varianten, die er auch auf seiner Einhornfarm brauchen konnte. Als er mit seinen Tabellenkalkulationen im örtlichen Coffeeshop saß, machte eine attraktive Frau eine Bemerkung über seine Datensammlung, und damit begann ein Gespräch über Mathematik, Messmethoden und Mokka mit Milch. Sie hieß Destinée und war Gastdozentin für Arithmetik und mathematische Wissenschaften an der Volkshochschule. »Sie konnte es gar nicht glauben, dass ich ihr nicht den Rücken wandte, als sie von der Leidenschaft ihres Lebens erzählte – im Gegenteil, ich war begeistert!« Zwei Jahre später heirateten die beiden.

Hier ist ein Trick, den Sie in Verhandlungen mit jedem Geldgeber anwenden können, der Sie zwingen will, die Karten auf den Tisch zu legen: Kommen Sie zu dieser Besprechung mit zwei Statements, die Sie sich vorher zurechtgelegt haben. Das eine ist ein Punkt, in dem Sie zu Verhandlungen bereit sind, das andere ein Punkt, in dem Sie das nicht sind. Tun Sie so, als seien beide Punkte nicht verhandelbar. Sollte der andere drängen, geben Sie sich zögernd, machen aber nach einer Weile ein kleines Zugeständnis bei der ersten der beiden Fragen. Bei der zweiten geben Sie nicht nach! Es wird aussehen, als seien Sie einsichtig und wüssten, wann man Kompromisse machen muss, und zugleich strahlen Sie das Selbstvertrauen von jemandem aus, der sich behaupten kann und nicht gleich nachgibt.

Weshalb ist dieser Trick so wichtig? Ja, weil es verflucht noch mal Ihr Traum ist! Und es geht um Einhörner! Und kein noch so geldgieriger und von sich eingenommener Investor kann Ihnen das nehmen! Allerdings *können* Investoren Ihnen das investierte Geld wieder wegnehmen, und dieser Trick verhindert, dass sie das tun.

Zeigen Sie also Courage, und man wird Sie für couragiert halten, denn echte und gespielte Courage sind nicht auseinanderzuhalten.

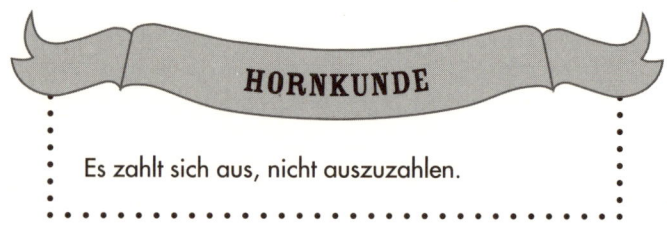

HORNKUNDE

Es zahlt sich aus, nicht auszuzahlen.

MERKEN SIE SICH ALSO:

1. Mit Hornkreisen können Sie wunderbar die Statistiken Ihrer Farm zeigen, oder zumindest zeigen Sie, dass Sie grafisch etwas draufhaben.

2. Jedermann liebt süße Keinhörner.

3. Stellen Sie fest, welche Ihrer Ergebnisse messbar sind, und halten Sie während der Arbeit entsprechende Daten fest. Damit können Sie später wesentlich leichter Geschäftsberichte schreiben – und auch ehrlicher.

4. Zeigen Sie immer Selbstvertrauen. Das zieht das andere Geschlecht an, Investoren und Gelder.

IHRE EIGENEN NOTIZEN:

DAS ERGEBNIS

KAPITEL 11

SO HOLEN SIE NOCH MEHR HERAUS

Wie machen Sie es also nun das nächste Mal besser? Die Investoren und auch andere, die mit Ihrem Geschäft zu tun haben, werden eine Antwort auf diese Frage erwarten. Da wäre es gut, wenn Sie sich selbst auch dafür interessierten.

Dieses Kapitel liefert Ihnen das kreative Zündholz, um im Einhornbusiness ein schönes Feuerchen in Gang zu bringen. (Womit wir nicht sagen wollen, dass Sie den Laden anstecken sollen, um das Versicherungsgeld zu kassieren.)

IDEEN

Als erstes schnallen Sie sich Ihren Datenrekorder um. Wie ein glückloser Einhornfarmer einmal sagte: »Hat man vom ersten Jahr genug, wird man im zweiten klug!« Das zweite Jahr sollte das sein, in dem Sie in Ihrem Betrieb die himmelschreienden Fehler beseitigen, die Sie im ersten gemacht haben. Sie können die einzelnen Punkte von Kapitel 10 abarbeiten, oder Sie nutzen sie nur als Inspiration und lassen sich ganz vom kreativen Datenverarbeitungskortex in Ihrem Gehirn leiten.

Machen Sie sich als zweites wirklich klar, was das Wort »Verbesserung« bedeutet. Lernen Sie diesen Begriff kennen. Machen Sie ihn sich zu eigen. Hören Sie sich an, was er Ihnen zu sagen hat. Wenn er nach ein paar Minuten immer noch nichts gesagt hat, bleibt Ihnen nichts anderes übrig, als weiterzulesen.

VERBESSERUNGEN

Was haben andere nach der Evaluation getan, um ihre Farm besser aufzustellen und den Verkauf anzukurbeln? Die folgenden Beispiele sind situationsspezifisch und beziehen sich ganz auf die Stärken und Schwächen des jeweiligen Hofes, aber wäre es nicht wunderbar, wenn eines davon zufällig genau jene Sorge träfe, die auch Sie gerade haben? Die Antwort: Ja.

- Machen Sie sich die (wenn auch überstrapazierte) Kunst des Feng-Shui zunutze, um die Anlage Ihrer Farm so zu verbessern, dass Zornhörner mit ihren Ausbrüchen weniger Schaden anrichten können.
- Erwerben Sie Ihr eigenes Anwaltspatent; das spart Ihnen Unsummen, die Sie sonst Ihren Rechtsberatern pauschal zahlen müssten.
- Machen Sie Ihre Zottelhörner attraktiver, dann pflegt und füttert Ihre Belegschaft sie besser (ABB. 11.a.).
- Entwickeln Sie ein exklusives Kundenbindungsprogramm, bei dem es erst Prämien gibt, wenn mehrere Tausend Dollar Umsatz gemacht werden.

ABBILDUNG 11.a.
Ein Zottelhorn mit Strassschmuck

- Bauen Sie Ihr eigenes Krematorium, damit der Gestank toter Tiere Ihnen nicht die Kundschaft vergrault.
- Gehen Sie an die Börse, unter einem traditionell-zugkräftig klingenden Namen wie zum Beispiel HORNAG.

ZUR ERMUNTERUNG

GASPER & GERTRUDE: BILDUNG HILFT

Gertrude und Gasper waren schon 25 Jahre verheiratet und immer noch das süßeste Paar, das ihre Kundschaft je gesehen hatte, aber ihre Buchhaltung war hoffnungslos, denn beide hatten nur die Volksschule besucht. »Ich wusste, dass da mehr in Büchern stand«, sagt Gasper und schaut liebevoll seine treu sorgende Gattin an, »also habe ich gedacht, jetzt packe ich's an, und bin noch mal auf die Schule gegangen.« Es folgten lange Abende und Wochenenden, an denen er seine Hausaufgaben machte, aber die Arbeit zahlte sich aus, denn binnen weniger Jahre machte Gasper seinen Doktor in Biochemie. »Irgendwie hatte ich aus den Augen verloren, weswegen ich überhaupt wieder auf die Schule gegangen war, aber die ... na, diese Organismen, die hatten es mir angetan – gerade die Nukleinsäuren. Ich *liebe* Nukleinsäuren.« Gertrude ging auf die Abendschule, machte einen Kursus in Buchführung und kümmert sich seitdem um die geschäftliche Seite der Farm; ihr Ehemann hat ein Forschungslabor eröffnet und hofft, dass er schon bald aus der DNA der Einhörner synthetische Magie herstellen kann.

Manche Farmer geben auf, aber dazu wollen wir vor frühestens
dem fünften Jahr niemandem raten. Es dauert in der Regel mindestens fünf Jahre, bis ein neues Unternehmen profitabel ist, und
noch länger wird es dauern, wenn es ein Angebot wie das Ihre in
Ihrer Gegend zuvor überhaupt nicht gegeben hat. Einhörner
verkaufen sich nicht von sich aus, und das ist auch gut so. Es
würde nicht zu ihrem Bild der Reinheit passen.

Wenn Sie beschließen, Ihre Farm zuzumachen, können Sie
vom »Ausverkauf wegen Geschäftsaufgabe« profitieren. Tatsächlich sind solche Verkäufe etwa in der Möbelbranche ein solcher Erfolg, dass manche Betriebe ihren gesamten Profit damit
machen.

Die Leute müssen wissen, dass sie Ihnen und Ihrem Geschäft
vertrauen können. Deshalb muss Ihre Werbung vor Überzeu-
gungskraft nur so strotzen. Spektakuläre, interaktive Medien
locken neue Kundschaft an und lassen sie nicht mehr los, ebenso
Diskussionsforen und Prospekte. Wenn Sie nichts anderes an
Ihrer Farm verbessern können, sollten Sie sich zumindest vor-
nehmen, dass Ihre Werbung jedes Jahr um 150 Prozent fantas-
tischer wird.

MERKEN SIE SICH ALSO:

1. Im zweiten Jahr haben Sie Gelegenheit, alles noch besser zu machen als im ersten. Verderben Sie sich das nicht.

2. Suchen Sie nach Verbesserungsmöglichkeiten, die zur Machart Ihrer Farm passen: Weiterbildungsmaßnahmen, äußere Verschönerungen, Veranstaltungen usw. Ihre Einhörner werden diese Veränderungen aufregend finden, solange es sie nicht in ihren Routinen stört.

3. Geschäftsaufgabe sollte Ihr letztes Mittel sein, aber auch daraus lässt sich Profit schlagen.

4. Kommen Sie mit Ihrer Präsenz in der Öffentlichkeit ganz groß raus!

IHRE EIGENEN NOTIZEN:

_____

_____

_____

_____

_____

_____

_____

DAS ERGEBNIS

KAPITEL 12

DIE WEITEREN AUSSICHTEN

»*Wer den Mut hat, seinem Traum zu folgen,
der hat schon halb gewonnen. Bei der anderen
Hälfte kommt alles auf die Einhörner an.*«

FARMER HARRY MCCREADY,
FÜR EINE NEUE HORNGESELLSCHAFT, 1947

Dieses Zitat stammt von Farmer McCready, dem Pionier
der Einhorngroßwirtschaft. In den 50 Jahren seiner Karriere hat
er Rückschläge im Geschäft und Hornstreiks überstehen müssen, aber seinen Traum vom perfekten Einhornbetrieb hat er
nie aufgegeben. Als er 1952 an Glitzerstaublunge starb, versammelten sich seine geliebten Einhörner um sein Bett, und seine
Millionen Dollar schwere Gesellschaft ließ die Firmenflagge
mit Einhornmotiv auf Halbmast setzen, um das Hinscheiden
ihres Gründers, Visionärs und Leiters des Farmbetriebs zu betrauern.

Inspiriert Sie das? Das ist aber auch das mindeste. Und wenn
Sie es mit Ihrem Traum bis hierher geschafft haben und die
Einhörner immer noch bei Ihnen sind, dann sind Sie bereit für

die nächste große Reise: den Schritt vom einfachen Hof zum Großbetrieb.

BAUEN SIE IHREN EINHORNHOF AUS

Farmer McCready baute seinen Farmbetrieb aus, indem er die Hörner zu verschiedenen Arbeiten heranzog und beim Bau von Straßen, Häusern und Rundfunkmasten beschäftigte. Er wusste auch, wie er sein Geschäft an sich wandelnde Zeiten anpassen konnte. Zum Beispiel leisteten in den Vierzigerjahren nicht nur die Frauen, sondern auch seine Einhörner ihren Beitrag zur Kriegswirtschaft der Vereinigten Staaten.

Der große Erfolg dieser Art von Expansion erklärt sich daraus, dass der Betrieb seiner eigentlichen Aufgabe nie untreu wurde: Wirtschaftsgüter mit billiger Arbeitskraft und einem gewissen Maß an Magie herzustellen.

McCready lernte schon früh, dass nicht jedes Einhorn-Unternehmen automatisch zum Erfolg wird, und zwar, als er in den Zwanzigerjahren den Weinbau in sein Portfolio aufnahm. Obwohl er aus den horngetretenen Trauben einen hochwertigeren Wein produzierte, gelang es ihm nicht, eine eigene Marke und eigene Vertriebswege aufzubauen (ABB. 12.a.). Außerdem herrschte damals die Prohibition, das kam noch dazu.

Wenn für Sie der Zeitpunkt gekommen ist, Ihre Farm auszubauen, sollten Sie die fol-

ABBILDUNG 12.a. *Ein Einhorn tritt Trauben zur Herstellung von sagenhaft leckerem, doch erfolglosem Glitzerwein.*

genden beiden Möglichkeiten erkunden: Entweder wachsen Sie in der Richtung, in der Sie ohnehin unterwegs sind, oder Sie bauen die Bandbreite Ihres Geschäftes aus. Die erste Methode ist beliebt bei denen, die gern beim Bewährten bleiben, und auch bei denen, denen jede Form der Veränderung eine Heidenangst einjagt. Die zweite Form ist für die Mutigen, die Pioniere und die Piraten.

Natürlich ist keine von diesen beiden Formen besser als die andere, aber die zweite macht wesentlich mehr her. Fragen Sie nur Farmer McCready und seine lange Reihe von Ehefrauen, alles Supermodels.

Erste Möglichkeit: Für die Vorsichtigen und Furchtsamen

Wenn Ihr Geschäft wächst, steigen die Aufwendungen. Die folgende Grafik erläutert dieses Phänomen.

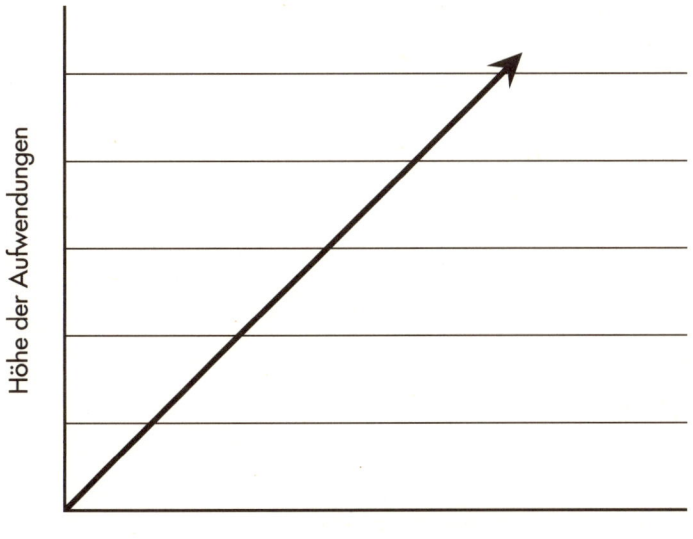

Wachstum des Geschäfts

Deshalb ist es wichtig, dass Sie die Größe des Unternehmens bedenken. Wenn Sie derzeit zum Beispiel eine Tonne Futter im Jahr kaufen und die Farmgröße verdreifachen wollen, sollten Sie mit drei Tonnen Futter rechnen.

Eine schöne Möglichkeit, Ihre Farm zu vergrößern, ohne dass Sie dafür etwas aufwenden müssen, ist die natürliche Vermehrung der Einhörner. Sicher, die Aufzucht von Keinhörnern ist auch nicht kostenlos, aber selbst für Nachwuchs unter den Hörnern zu sorgen ist weitaus günstiger, als eine Herde von einem womöglich skrupellosen Hornhändler zu erwerben. Sorgen Sie also für stimmungsvolle Beleuchtung in den Ställen und lassen Sie der Natur ihren Lauf. Je nach den Rassen, die Sie in Ihren Boxen haben, werden Sie binnen der nächsten ungefähr drei Jahre genug Jungtiere beisammen haben, um die neuen Produkte und Dienstleistungen, die Ihnen vorschweben, damit zu schaffen, oder Sie verkaufen sie einfach, damit Geld für Ihre anderen Expansionspläne in die Kasse kommt.

Wenn so etwas wirklich Erfolg haben soll, stellen Sie am besten einen Mathematiker an, der Ihnen hilft, den Überblick über so viele neue Zahlen zu behalten. Oder noch besser, nehmen Sie einen Mathemagiker. Die Lohnkosten sind ungefähr die gleichen, aber es ist viel interessanter, letzterem bei der Lösung seiner Aufgaben zuzusehen.

Es mag die Einhörner verwirren, dass Sie persönlich immer weniger zu sehen sind, und sie entwickeln vielleicht eine Ahnung, dass etwas Bedeutsames vorgeht. Laden Sie Ihre Hörner also zu allen Eröffnungsfeiern ein und vermitteln Sie ihnen so das Gefühl, dass sie selbst Anteil an diesen Veränderungen haben, und außerdem hat die Herde auch noch ihren Spaß mit Luftschlangen, Ballons und bunten Farben.

Zweite Möglichkeit: Für die Unternehmungslustigen, Furchtlosen und Attraktiven

Diese zweiten Route führt Sie geradewegs ins Zentrum der Gefahren. Sie betreten Terrain, auf das sich in der gesamten Geschichte der Einhornfarmerei gerade ein- mal ein paar Hundert Leute getraut haben, und wenn Sie davongehen, werden Sie es als klügerer und vielleicht

ABBILDUNG 12.b. *Ein Notizzettel mit Geschäftsideen*

weitaus wohlhabenderer Geschäftsmann tun. *Wenn* Sie dann noch gehen können.

Ja, das ist das Leben eines echten Einhornfarmers. Und das ist nichts für Angsthasen.

Zu Anfang machen Sie sich klar, in welche Richtung Sie Ihre Farm entwickeln wollen; schreiben Sie auf, welche Unterneh- mungen Ihnen Spaß machen könnten (ABB. 12.b.).

Bei Ihrem nächsten Schritt können Sie entweder impulsiv oder auch strategisch sein. Aber keine Sorge – beides findet das andere Geschlecht ausgesprochen anziehend.

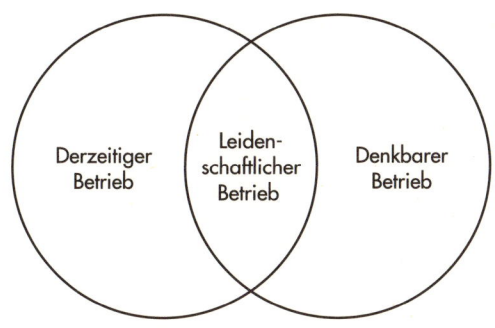

Wenn Sie impulsiv sein wollen, schlagen Sie alle Vorsichtsmaßnahmen in den Wind und machen Sie einen der Betriebe von Ihrer Liste auf. Veranstalten Sie eine große Eröffnungsfeier.

Wenn Sie strategisch sein wollen, ermitteln Sie Ihre Kernwerte, dann wählen Sie aus Ihrer Liste diejenigen Möglichkeiten, die zu diesen Werten passen. Besprechen Sie sich mit Ihrem Mathemagiker bezüglich der Ressourcen und wählen Sie unter den Möglichkeiten diejenige aus, die Ihre Leidenschaften am meisten anregt. Veranstalten Sie eine große Eröffnungsfeier.

 ## ZUR ERMUNTERUNG

FARMER MCGLITTER PACKT DIE DINGE BEIM HORN

Nach einem grässlichen Müllpressenunfall, bei dem er das untere Ende seines kleinen Zehs einbüßte, verkündete Mr. McGlitter: »Nie wieder will ich versäumen, jeden einzelnen Augenblick meines Lebens in vollen Zügen zu genießen!« Und als er die erste seiner zahlreichen Einhornfarmen erwarb, da machte er Ernst. Er war der erste Mensch, der ein Einhorn in die Tiefsee tauchen ließ, und zugleich der erste Forscher, der dokumentierte, dass Einhörner beim Auftauchen nicht die Taucherkrankheit bekommen. Im dritten Geschäftsjahr verlieh ihm der Große Hornrat den begehrten »Bezauberndster Betrieb im Geschäft«-Preis — eine Ehre, für die ein durchschnittlicher Farmer zehn oder noch mehr Jahre arbeiten muss.

Einfach mal was Neues probieren, da erwacht mancher Einhornfarmer wieder zum Leben. Auf die Hörner hat es eher den gegenteiligen Effekt, denn sie neigen viel mehr zum Vertrauten und zur Routine. Kaufen Sie ihnen zu solchen Zeiten ein paar Spielzeuge extra, irgendwas aufregend Glitzerndes, das sie davon abhält, sich zu beschweren.

FRANCHISING

Vielen Einhornfarmern, die neue Wege beschreiten wollen, macht der Gedanke Angst, dass sie für das alles verantwortlich sind. Am anderen Ende des Spektrums gibt es diejenigen, die gar nicht genug Kontrolle bekommen können und ihr Geschäft gern ihr »Imperium« nennen. Für die letzteren ist Franchising vielleicht keine befriedigende Option. Wenn Sie nicht zu dieser Gruppe gehören, sollten Sie hier weiterlesen.

Franchising basiert auf dem Grundprinzip, dass ein einmal etabliertes Geschäft gegen Geld von anderen kopiert wird. Zudem kann kein Subunternehmer Ihren guten Ruf schädigen, ohne dass Sie ihm den Laden sofort mit eiserner Faust entreißen können. Machtgeile Einhorn-Imperialisten könnten also vielleicht *doch* Gefallen an dieser Geschäftsform finden.

Wenn Sie Franchise-Lizenzen vergeben wollen, müssen Sie sich selbst kennen, damit Sie wissen, wie Ihre Klone aussehen sollen. Wenn jemand zu Ihnen kommt und sagt: »Ich finde Ihre Einhornhaarkissen wirklich toll und würde gern Lizenznehmer bei Ihnen werden, allerdings würde ich keine Kissen nähen, sondern selbst gemachte Muffins und Erdnusskekse verkaufen«, dann sollten Sie sofort wissen, ob das zu Ihrem Geschäftsmodell und zu Ihren Idealen passt. (Hinweis: Vermutlich passt es nicht.)

Wenn Sie über Jahre diese lukrativen Franchising-Gebühren einheimsen, müssen Sie sich vielleicht nicht erst mit 87 zur Ruhe setzen wie die meisten Einhornfarmer. Und wenn Sie gute Lizenznehmer gefunden haben, stärken diese Leute Ihr Ansehen noch und setzen mehr denn je von Ihren Waren und Dienstleistungen um. Ein Hattrick, bei dem alle gewinnen!

Während all dem lassen Sie Ihren Mathemagiker darüber wachen, dass die Einkünfte korrekt fließen, und von Zeit zu Zeit lassen Sie ihn die Summe durch Null teilen. Sie werden staunen, was bei diesem Trick passiert!

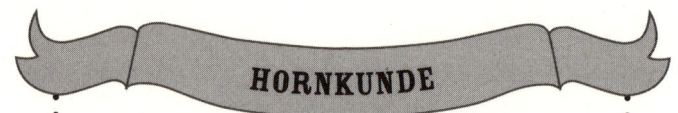

HORNKUNDE

Ihr Bruttofarmprodukt kommt nicht nur durch Ihre eigene Arbeit zustande – es umfasst auch die Arbeit derer, die für Sie arbeiten, damit Sie dies nicht selbst tun müssen!

ZUR WARNUNG

AL FÄLLT MIT FRANCHISE REIN

Alfred Hornmann hatte den perfekten Namen für einen Laden mit Artikeln aus Hornhorn: Al der Hornmann. Al fand diesen Namen so toll, dass er versuchte, daraus Kapital zu schlagen, aber er wusste nicht, wie man so etwas macht, und hatte auch keine Rechtsberatung. Er fand die Verhandlungen zum Franchising so kompliziert, dass er es nach einer einzigen mündlichen Absprache wieder sein ließ. Dieser Lizenznehmer machte allerdings weiter und patentierte für sich sämtliche Ideen, die Al ursprünglich beigesteuert hatte. Als Al merkte, was gespielt wurde, gab es kein Geschäft mehr, auf das er noch Lizenzen vergeben konnte, denn sein Lizenznehmer hatte bereits als eigene Firma überall Franchises aufgebaut. Da wusste Al, dass man sich nicht auf mündliche Absprachen verlassen darf, und konnte von da an keine Einhörner mehr sehen.

MERKEN SIE SICH ALSO:

1. Wenn Sie mit Ihrem Einhorngeschäft Erfolg haben, bleiben Sie Ihren Grundwerten – den Hörnern! – treu.
2. Auch ohne Risiko kann Ihr Geschäft erfolgreich sein. Allerdings sind das nicht gerade die Läden, von denen man spricht.
3. Sollten Sie sich zum Risiko entscheiden, dann geben Sie sich erst zufrieden, wenn Sie Geschichte gemacht haben.
4. Franchising ist schierer Zauber: Damit verdienen Sie, ohne dass Sie selbst arbeiten müssen.

IHRE EIGENEN NOTIZEN:

SCHLUSSBEMERKUNG
↢ ZUM VIERTEN TEIL ↣

Evaluierung ist wichtig, aber sie kostet eine Menge Zeit und geistige Energie. Wenn Sie alles schon in der ersten Runde gut machen, können Sie sich diese Zeit sparen und stattdessen feiern, dass Sie Ihre Ziele erreicht haben.

Wenn Sie es beim ersten Mal nicht gut gemacht haben, dann sollten Sie sich darauf einstellen, dass Sie noch spät abends über den Zahlen sitzen und ein gewisses Maß an Überzeugungsarbeit bei den Investoren leisten müssen. Das sollte Strafe/Anreiz genug sein, es gleich beim ersten Mal richtig zu machen.

Sollten Sie den Ehrgeiz haben, das erfolgreichste Einhorn-unternehmen seit den Anfängen der Mensch- wie der Horn-heit auf die Beine zu stellen, dann halten Sie Ihre Tabellen und Grafiken bereit und zeigen Sie sie auf großen Eröffnungsfei-ern! Denn das allein ist der magische Schlüssel zum Erfolg in der Einhornfarm-Industrie.

Willkommen an Bord, Einhornfarmer. Mögen Ihre bunten, geheimnisvollen Träume wahr werden und möge einträgliche Realität daraus werden!

NACHWORT

War das nicht eine zauberhafte Reise?

Vom Einhornfarmeraspiranten sind Sie den ganzen Regenbogen entlang zum Einhornfarmer in den Startlöchern spaziert. Ihr strahlender Werkzeuggürtel ist voller Möglichkeiten, Ihre Brotbüchse vollgestopft mit Träumen. Also jetzt an die Arbeit, oder?

Oder auch nicht.

Vielleicht sind Sie auch am Ende dieses Handbuchs angekommen und fragen sich: »Bin ich wirklich bereit für ein Unternehmen, das mein ganzes Leben verändern wird?«

Vielleicht haben Sie sich eher mit den warnenden Beispielen von Einhornfarmern identifiziert, die es nicht geschafft haben, als mit den ermunternden Zeugnissen derer, die Erfolg hatten.

Vielleicht haben Sie sich Ihren Namen angesehen und beschlossen, dass es kein Name für einen Einhornfarmer ist.

Vielleicht sind Sie noch nie in der Lage gewesen, eine Arbeitsstelle länger als fünf Tage zu halten, und der Gedanke, dass etwas Lebendiges für sein Überleben auf Sie angewesen wäre, bringt Sie an den Rand eines Herzanfalls.

Das sind alles legitime Sorgen, und Sie stehen damit nicht allein. Bei einer neueren Umfrage gaben 37 Prozent aller Einhornfarmer an, dass sie am Vorabend ihres ersten Farmkaufs Bekanntschaft mit der Notaufnahme machten. Aber kein Krösus der großen Einhornkonzerne ist je zu dieser marktbeherrschenden Stellung gekommen, bevor er nicht genau diesen ersten angsteinflößenden Schritt gewagt hatte.

Vielleicht sind Sie aber auch am Ende dieses Handbuchs angekommen und können es gar nicht erwarten anzufangen. Sie überfliegen dieses Nachwort nur noch, damit Sie nicht womöglich die letzten Tipps verpassen, wie man in diesem Gewerbe zu Superwohlstand kommt, schon auf dem Sprung, sofort loszulaufen und sich unter den überall durch die Gegend irrenden Investoren ein paar zu schnappen, die Ihren Träumen finanzielle Flügel verleihen. Wenn das auf Sie zutrifft, dann hier noch ein allerletzter Tipp: Um Produktivität und Betriebsklima zu verbessern, scheuen Sie nicht die Investition in wolkenverstärkte Hufeisen für Ihre Hörner.

Zum dritten könnten Sie aber auch zu denen gehören, die nicht so recht wissen. Sie fürchten sich zwar nicht, aber so richtig reißt Sie die Vorstellung, ins Einhorngeschäft einzusteigen, nicht vom Sockel. Wenn das auf Sie zutrifft und Sie vorn unter »Welcher Typ Einhornfarmer sind Sie?« hauptsächlich D) angekreuzt haben, sollten Sie dem ganzen Einhorngewerbe einen Gefallen tun und sich einen anderen Beruf suchen. Schließlich gibt es auch Elchfarmen.

Die Arbeit mit Einhörnern ist ein faszinierendes, geradezu unanständig gut bezahltes Abenteuer, aber nicht jeder ist dort am rechten Platz. Nur die, die bereit sind, das Leben beim Horn zu packen und an allem Mittelmaß vorbei in die Welt unbegrenzter Möglichkeiten zu galoppieren, werden den unternehmerischen Ruf des Einhorns hören und verstehen.

Sind Sie bereit zu etwas wirklich Großem?

AUS DEM KALENDER EINES EINHORN- FARMERS

JANUAR

1 Aufräumen nach der großen Silvestersause	**2** Vierteljährliche Finanzplanungsbesprechung	**3**	**4**	**5**	**6**	**7**
8	**9**	**10**	**11**	**12**	**13**	**14**
15 Stallpurz	**16**	**17** Hörner der Hörner polieren	**18** Zornhörner: Zähne und Hornhorn mit Zahnbzw. Hornseide reinigen	**19** Zwinkerzehen: entglitzern; übermäßigen Funkelstaub im Gehörigang ausbürsten	**20** Reinhörner: Zuckerwasser im Schmetterlingsbecken nachfüllen, damit genügend Schmetterlinge Schwanz und Ohren umflattern	**21** Zottelhörner: Schönheitsbehandlung/neu stylen
22	**23**	**24**	**25**	**26** Neuer Leitfaden für Mitarbeiter erscheint, Grundsätzliches zu Mensch- und Homessourcen	**27**	**28**
29	**30**	**31**				

FEBRUAR

		1	**2** Lichtmess. Wenn Sie nicht nach Punxsutawney zum Groundhog Day können, bekommen Sie sich zu den prophetischen Kräften der Tiere in Ihrem eigenen Wald	**3**	**4**	
5 Internationale Einhorn-Show: Sehen Sie sich die neuesten Modelle an	**6**					
	7	**8**	**9**	**10** Keinhorntag: Feiern Sie die Geburt sämtlicher neuen Hörner des vergangenen Jahres	**11**	
12	**13**	**14** Valentinstag: Greifen Sie Amor unter die Arme	**15**	**16**	**17** Wiesenblumen pflanzen und düngen	**18** Einhorntraining: Tänzeln für Anfänger
19	**20**	**21**	**22** Spielgruppe mit benachbarter Einhornform	**23**	**24** Wunschtag: Alle Besucherkinder unter fünf Jahren dürfen sich etwas wünschen	**25**
26	**27**	**28**	**29** Schaltjahrparty			

MÄRZ

						3
				1	**2** Jährliche Inspektion der Einhornfarm-Sicherheits-behörde	**3**
	5	6	7	**8** Workshop »Lernen Sie Ihr Einhorn kennen«: Pflege- und Futtertipps für Eigentümer von Haushörnern	9	10
	12 Entlausung der Einhörner	**13** Vollbad für Einhörner	14	15	**16** Behandlung mit Antikoboldspray	**17** Sankt-Patrickstag: Einhörner werden grün angestrichen, große Schlangenjagd auf dem Farmgelände
	19	20	**21** Wasser des saphir-blau schimmernden Teichs ablassen, Teich reinigen	22	23	24
	26	27	**28** Zughörner kehren aus dem Süden zurück	29	30	31

APRIL

1 Vierteljährliche Finanzplanungsbesprechung	**2**	**3** Richtfest für neue Scheunen	**4**	**5** Hornarzt zur jährlichen Vorsorgeuntersuchung im Haus	**6** Belegschaft wird gegen Masern, Tetanus und Apathie geimpft	**7**
8	**9**	**10**	**11**	**12**	**13** Schnitzeljagd!	**14**
15 Steuererklärung	**16**	**17**	**18**	**19**	**20**	**21**
22 Das smaragdgrüne Gras kämmen	**23**	**24**	**25**	**26**	**27**	**28** Einhorntraining: *Wie man Menschen im Traum erscheint, ohne fehl am Platze zu wirken*
29	**30**					

MAI

		1	2	3	4 Zauberkräfte werden gemessen; Vergleich mit den Werten des vergangenen Jahres	5
6 Zu jedem Kauf im Einhornumladen gibt es ein Geschenk dazu	7	8	9 Doppelter Regenbogen wird poliert	10 Jährliche Kundenzufriedenheitsbefragung [bis 19.]	11	12
13 Jährliche Umfrage zur Kundenzufriedenheit	14	15	16	17	18	19
20	21 Spielzeugaufräumen: Sämtliche Einhornspielzeuge werden sauber gemacht oder aussortiert	22 Spielgruppe mit benachbarter Einhornform	23	24	25	26
27 Geselliges Beisammensein am Eiscremestand	28	29	30	31 Sommerferiensaison beginnt		

JUNI

			1 Letzte Daten für den Jahresbericht werden zusammengesucht	**2**
3	**4**	**5**	**6** Einhornritte zum halben Preis: 50 Prozent Nachlass auf den Normalpreis für alle Zwinkerzeh- oder Reinhornritte	**7**
8	**9**			
10	**11**	**12**	**13** Vollbad für Einhörner	**14**
15 Jahresbericht wird veröffentlicht	**16**			
17 Erneuerung der Einhornfarmbetriebslizenz	**18**	**19**	**20**	**21** Goldheuwagenfahrt
22	**23**			
24	**25**	**26**	**27**	**28** Einhorntraining: Ein Horn ist kein Pferd – Hoffnungslose Romanzen erkennen und vermeiden
29 Strategieplan für das neue Steuerjahr	**30**			

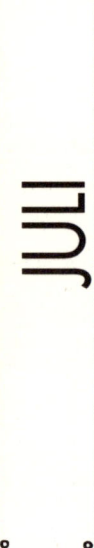

JULI

1 Jahresbericht wird an Investoren versandt, illustrierte Prachtausgabe für Einhorn-Enthusiasten	**2** Vierteljährliche Finanzplanungsbesprechung	**3**	**4**	**5**	**6**	**7**
8	**9**	**10**	**11**	**12** Ausflug auf eine andere Einhornfarm: Tausch- und Handelspotenzial erkunden	**13**	**14**
15	**16**	**17**	**18** Zornhörner: Zähne und Hornhorn mit Zahn- bzw. Hornseide reinigen	**19** Zwinkerzehen: entglitzern; übermäßigen Funkelstaub im Gehörgang ausbürsten	**20** Reinhörner: Zuckerwasser im Schmetterlingsbecken nachfüllen, damit genügend Schmetterlinge Schwanz und Ohren umflattern	**21** Zottelhörner: Schönheitsbehandlung/neu stylen
22 Paarungswoche: Stimmungsvolle Stallbeleuchtung (bis 28.)	**23**	**24**	**25**	**26**	**27**	**28**
29	**30**	**31**				

AUGUST

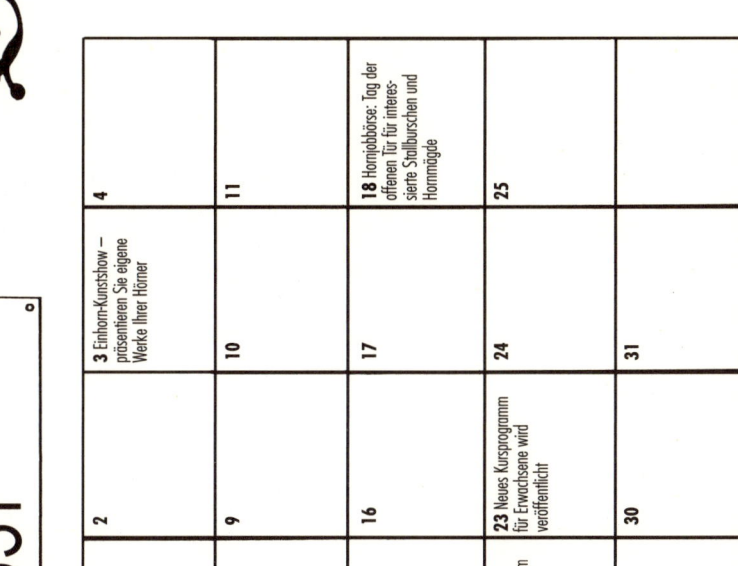

		1	2	3 Einhorn-Kunstshow – präsentieren Sie eigene Werke Ihrer Hörner	4
5	**6** Hufe werden gereinigt, anschließend Maniküre und Pediküre	**7** Neue Hufeisen	8	9	10	11
12 Törtchenbackkurs	13	14	15	16	17	18 Hornjobbörse: Tag der offenen Tür für interessierte Stallburschen und Hornmägde
19	20	21	**22** Spielgruppe mit benachbarter Einhornfarm	**23** Neues Kursprogramm für Erwachsene wird veröffentlicht	24	25
26	27	**28** Junghornausbildung: *Jungfrauen erkennen 101*	29	30	31	

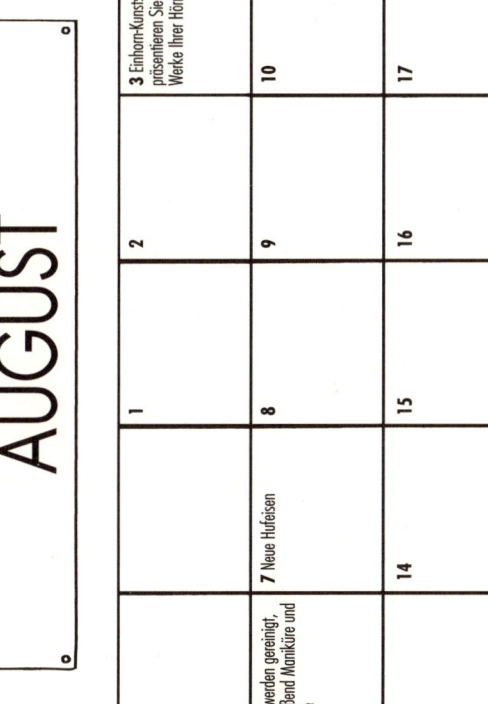

SEPTEMBER

						1
2	3	4	5	6	7	**8** Werbekampagne für die letzten Sommertouristen startet
9	**10** Handarbeitstag für die Hörner; gebastelt werden u.a. Löwenzahnketten, Hornhornzahnstocher und Gummibärchenhäuser	11	12	**13** Vollbad für Einhörner	14	**15** Investorentreffen
16	17	18	19	20	**21** Adoptiere-ein-Horn-Tag im Einhornasyl	22
23	24	25	**26** Forschungslabor präsentiert neueste Erfindungen und Produkte	27	28	**29** Ende der Sommerferiensaison
30 Zughörner ziehen in den Süden						

OKTOBER

1 Vierteljährliche Finanzplanungsbesprechung	**2**	**3**	**4** Teambuilding-Klausur	**5**	**26**
8 Heumachen: Goldheu für die Heuwagenfahrten, Regenbogenheu für bekömmliche Imbisse	**9** Weinlese: Trauben für Glitzerwein	**10**	**11** Gruppenfoto von Hörnern und Belegschaft für Weihnachtskarte	**12**	**13**
15 Einhorntraining: *Lauf nicht schneller als der Regenbogen – das richtige Tempo im Leben finden*	**16**	**17**	**18** Hornhornraspeln (gewinnt Rohstoff für Kosmetika)	**19**	**20**
21 Großes Familienfest mit Einhornkarussell und Glitzerstaub für alle [bis 27.]	**22**	**23**	**24**	**25**	**27**
28	**29**	**30**	**31**		
7					

NOVEMBER

			1		2	3
4	5 Werbekampagne für einkommensbezogene Weihnachtsschiffen beginnt	6 Prophylaktische Ausbildung der Schlittenhörner startet, für den Fall, dass der Weihnachtsmann diesmal Hörner den Rentieren vorzieht	7	8	9	10
11 Glitzerwein für das Weihnachtsgeschäft abfüllen	12	13	14 Werbeverträge mit den örtlichen Pressemedien verlängern	15	16	17
18 Kuschelwoche: sieben Tage Wärme und Gemütlichkeit in den Ställen [bis 24.]	19	20	21	22	23	24
25	26 Noch einmal beim Weihnachtsmann vorsprechen; versichern, dass die ganze Farm hinter ihm steht	27	28 Spielgruppe mit benachbarter Einhornfarm	29	30 Weihnachtskarten werden verschickt	

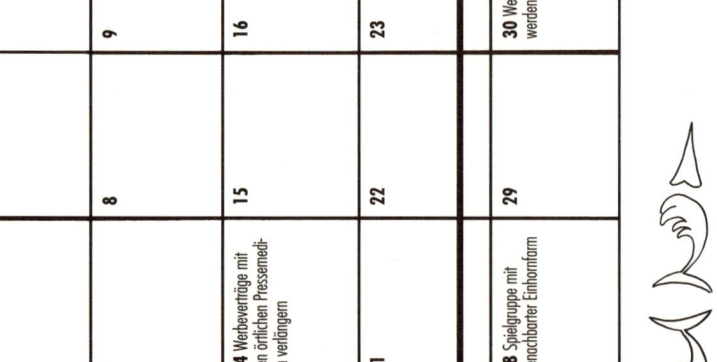

DEZEMBER

2	3	4	5	6	**1** Einhorn-Kutschfahrten (jeden Tag des Monats)
9	**10** Arbeitstreffen mit Nonprofit-Gruppen	11	**12** Schlittenzugplan beim Weihnachtsmann bestätigen	**13** Vollbad für Einhörner	8
17	17	18	19		15
23	**24** Falls Vertrag, Ankunft am Nordpol zur Auslieferung der Geschenke	**25** Falls kein Vertrag, Präsentkorb an die Rentiere mit Karte »Wir kommen wieder!«	**26** Geschenküberraschungen für all die Kinder, die von ihren Eltern hässliche Pullover bekommen haben	**20** Einhorntraining: *Größere Treffgenauigkeit bei der Wunscherfüllung*	22
30	**31** Die große Silvestersause			27	29
				7	14
				21	28

RESSOURCEN

ORGANISATIONEN

Großer Kongress der Einhornforscher: Eine 1747 gegründete Vereinigung, die sich für die Aufrechterhaltung angemessener Standards und Ideale in der Hornwissenschaft einsetzt und hornkundliche Daten sammelt.

Narwal/Einhorn-Friedenskommission: Ein von den Vereinten Nationen beauftragtes internationales Team, das sich um freundschaftliche Beziehungen zwischen diesen beiden oft in Konflikt geratenden Hornträgern bemüht.

Hornkunde: Die Lehrsätze, Erkenntnisse und praktischen Hinweise des Instituts für Hornwissenschaften samt angeschlossenem Versuchsgut über die Aufzucht und die wirtschaftliche Nutzung von Einhörnern.

Einhornmarkt-Initiative (USA): Regelt weltweit Eintrittsgelder und Standlizenzen auf Einhornmärkten. Die Kurzbezeichnung verdankt die Initiative ihrem Motto »Unicornis semper aliquid«.

Verband der Einhornflüsterer: Berufsverband und Beratungsnetzwerk der in der Einhornflüsterei Tätigen.

BEZUGSQUELLEN

Altmodisches Farmzubehör im praktischen Deluxe-Kit gibt es bei Marc & Mark (Baltimore, Maryland) und bei All the King's Horns (London).

Altmodisches Farmzubehör im praktischen Kit (ohne Deluxe) finden Sie bei Farm, Field & Fantasy (Winnipeg, Manitoba) und beim Füllhorn-Versand (Recklinghausen).

BIBLIOGRAFIE

Wie man einen Einhorn-Skandal anzettelt und nutzt: Ein Public-Relations-Handbuch von Farmer McGlitter

Von Huf bis Horn: Alles was Sie über Einhörner wissen müssen von Farmerin Colleen McKendrick

Statistiken sind gar nicht so schlimm – ehrlich! von Mathematiker Maurice Magnifico

Einhornfarmen für Dummies von Farmerin Stephanie McMahon

Für eine neue Horngesellschaft von Farmer Harry McCready

GLOSSAR

Allhorn, das: Der oberste Herrscher (oder die oberste Herrscherin) über sämtliche Einhörner und den Großen Hornrat.

BLAU: Die vier Schritte, mit denen man einen Einhornaufstand im Keim erstickt: Blickkontakt aufnehmen, langsam nähern, Arme ausstrecken, umarmen.

Einhorn-Richterskala: Ein Maßsystem, das Charles Richter noch vor seiner Erdbebenskala entwickelte und mit dem sich der Gesamteindruck einer spezifischen Gruppe von Einhörnern quantifizieren lässt.

El Chupacabra: Ein hinterhältiges, blutsaugerisches Geschöpf, bekannter Feind des Einhorns (der spanische Name bedeutet »Ziegenschlürfer«).

Großer Hornrat: Ältestenversammlung, der sämtliche Einhörner verantwortlich sind; schlichtet Streit, erlässt Verordnungen und plant verspätete Geburtstagsüberraschungspartys.

Hornbande: Eine Gruppe von Einhörnern.

Horngesellschaft: Ein von Farmer Harry McCready geschaffener Begriff für einen größeren Einhornbetrieb, besonders Betriebe, bei denen Hörner selbst im Arbeitseinsatz sind.

Hornhorn: Das Einhornhorn.

Hornkreis: Ein Kreisdiagramm, mit dem Sie Statistiken zu Ihrer Einhornfarm präsentieren.

Hornkunde: Das Wissen über Aufzucht und wirtschaftliche Nutzung von Einhörnern. (Die Lehrsätze der Hornkunde werden vom Institut für Hornwissenschaften samt angeschlossenem Versuchsgut entwickelt.)

Hornpost: Ein Postdienst, für den Einhörner als Transportmittel eingesetzt werden.

Keinhorn: Ein neugeborenes Einhorn, das natürlich noch kein Hornhorn hat.

Mathemagiker: Ein Mathematiker, der auch zaubern kann, und der dafür sorgt, dass Buchhaltung und Datenbestand stets unterhaltsam bleiben.

Peinhorn: Eine Kreuzung zwischen Pegasus und Einhorn.

Reinhorn: Eine der vier Einhornrassen, mit weißem Körper, blauen oder lavendelfarbenen Augen, einem einzelnen Horn auf der Stirn, glitzernder Mähne und einer freundlichen Art.

Roter Lakritz: Die einzige Lakritzsorte, die Einhornfarmer kauen.

Schiere Kuriositäten: Die hyperkitschige Art von Produkten mitsamt der entsprechenden Reputation, die Einhornhofbetreiber bei Aufbau, Marketing und Vertrieb unbedingt vermeiden müssen.

Trojanisches Horn: Eine Attrappe in Einhorngestalt, ein Roboter (Hornoid) natürlicher Größe, den Sie in die Herde eines Konkurrenten einschleusen können; einmal akzeptiert, kann er wunderbar und vollkommen unauffällig die Verhältnisse dort ausspionieren.

Zornhorn: Eine der vier Einhornrassen, mit elfenbeinfarbenem Körper, roten Augen, einem einzelnen Horn, an der Spitze verzweigt, und einem reizbaren Wesen.

Zottelhorn: Eine der vier Einhornrassen, mit stämmigem Körper, asymmetrischem Gesicht mit einem einzelnen kurzen Horn über dem rechten Auge, zotteliger Mähne und einer tollpatschigen Art.

Zwinkerzeh: Eine der vier Einhornrassen, mit Glitzer rundum, grünen Augen, einem einzelnen Horn auf der Stirn und einer geselligen, unterhaltsamen Art.

REGISTER

DANK DER VERFASSERIN

Ich möchte all den Einhörnern, Einhornfarmern und Farmangestellten danken, die aus diesem Buch einen solchen Erfolg gemacht haben.

Meinen Reinhörnern: Mom und Dad, die nie daran gezweifelt haben, dass sich mit Einhörnern tatsächlich Geld machen lässt. Nana, die diese Welt verlassen hat, bevor sie dieses Handbuch lesen konnte, deren Herz aber sonniger war als selbst das der heitersten Hörner.

Meinen Zwinkerzehen: Joe und Brian vom Motor Lodge in Prescott, die mir Ruhe und Inspiration gaben; Amy Jean, die mir opferbereit ihre Einhornprinzessin lieh.

Meinen Zornhörnern: Tonia, die mit allen Kräften den Traum am Leben hält; Steve, der großartige Bruder, von dem ich gelernt habe, dass alles – sogar eine Bierflasche oder ein Alligator – eine Seele hat.

Meinem Zottelhorn: Kevin Hedgpeth, Meister aller Illustrationen, der mit seinen künstlerischen Darstellungen das Leben auf einer Einhornfarm einfängt, wie es wirklich ist.

Den Einhornfarmern, die so viel von ihrem reichen Wissensschatz mit mir geteilt haben: Stephanie H.horn, Barbara, Kerri und der nie versiegende Quell der Weisheit, Farmer McGlitter.

Den Farmangestellten: Matt Glazer, mein Projektmanager, und Gedankengenerator Bob Pimm, der Anwalt, den jede Einhornfarm braucht.

Dem Schöpfer aller Einhörner, dem ersten und letzten Wort zu allem – und Inbegriff dessen –, was gut ist.

Und meinem Generalmanager und Mitverschwörer Bob. Du bringst mehr Magie in mein Leben als unsere gesamte Einhornfarmkette und unser ganzes Sortiment köstlicher einhorninspirierter Marmeladen zusammen.

DANK DES ILLUSTRATORS

Ich möchte allen Angehörigen, Freunden und Helfern danken, die aus meinen künstlerischen Ambitionen für dieses Buch ein erfolgreiches Projekt gemacht haben.

Meiner Frau Gail, die als Kritikerin, Produktionsassistentin und verständige Mahnerin dafür sorgte, dass es überhaupt ein Ende fand.

Meinen Söhnen Jacob und Aaron, die selbstlos auf ihre Spielzeit verzichteten, damit Daddy an seinen Bildern arbeiten konnte.

Jessica S. Marquis, die daran glaubte, dass sich meine chaotischen Kritzeleien als Illustrationen für ein Einhornbuch gebrauchen ließen.

Matt Glazer, der Einhornbilder und Tabellenkalkulationen aus dem Hut zauberte.

Ganz besonders möchte ich noch den beiden Institutionen danken, die mir bei meinen Recherchen zur Anatomie des Einhorns die entscheidenden Hinweise lieferten:

Dem Royal Toolingham Athenaeum, das mir Einblick in das Blatherstone-Manuskript gewährte, jenes unschätzbare früheste Zeugnis hornkundlicher Beschäftigung.

Der Bibliothek der Maguffin-Universität, die mir ein Exemplar von E.S.S. Mistvales Monografie *Fossile Funde gehörnter Equidae der Douglas-Homer-Formation des Oberen Eozäns* zur Verfügung stellte.